本屋、地元に生きる

Bookstore,Living Locally Junichi Kurisawa

さわや書店・現役書店員
栗澤順一

KADOKAWA

はじめに

いずれ本屋は町から消えてしまうのか？

このような疑問をもっている人も少なくないはずです。

本屋が消えることはなくても数が減っていくのは避けられない。

一書店員に過ぎない私もそう思っています。

私が勤めるさわや書店のホームグラウンドは岩手県盛岡《もりおか》市です。

盛岡は「読書のまち」です。二〇一八年には、総務省による二〇一七年家計調査の結果として一世帯当たりの本の購入金額が全国一位であると発表されました。二〇〇四年以来十三年ぶりの一位返り咲きです。ほかの年にしても一貫して上位です。

出版販売会社の資料を開けば、盛岡市には二十七店もの書店があります。売り場面積が広い店も多いので、本好きにとってはたまらない街といえます。しかし、これから何年か経てば、オーバーストア状態になってしまうのではないかとも危惧《きぐ》しています。もしかしたら盛岡市に書店は一店か二店しか残らないかもしれません。

私の不安が現実になってしまうとすれば、さわや書店が生き残る一店か二店になるためにはどうすればいいのか。

そういうことを考えるようにもなりました。


書店にとってコロナ禍によるダメージは大きなものがありました。

私が勤めているさわや書店でいえば、旗艦店であるフェザン店が入っている盛岡駅ビル「フェザン」が二〇二〇年の四月から五月にかけて三週間、休館になりました。ゴールデンウィークと重なったその期間中に営業そのものができなかったのです。やはりさわや書店が入っている青森駅ビルの「ラビナ」も同じような状況でした。

休業中は売上げがゼロになるにもかかわらず、店員全員が休みを取るわけにはいきません。時短勤務のシフトを敷きながら、店内メンテナンスなどを行っていました。

駅ビルのフェザンでさわや書店は「フェザン店」、「Ｐｏｒｔａ Ｍａｇｉｃａ（ポルタマジカ）」、「ＯＲＩＯＲＩ（オリオリ）」の三店舗を展開していました。Ｐｏｒｔａ ＭａｇｉｃａとＯＲＩＯＲＩはそれぞれ雑貨店、ＣＤショップという性格も有した店舗です。

コロナ禍が長期化するあいだにフェザン店以外の二店舗は残念ながら閉店となりました。

駅ビルが営業再開したあともなかなか売上げが回復しないこともあり、フェザン店一店舗に機能を集約することにしたからです。一店舗体制で経営を維持していくために辞めてもらったアルバイトもいました。

コロナウィルスに対する知識が十分ではなかった頃などは、誰が触ったかわからないという理由で本そのものが敬遠される面もありました。病院や美容院など定期的に雑誌を取ってくれていたところが雑誌を置くのをやめてタブレットにするケースも増えました。それによるダメージが大きかったのは言うまでもありません。

書店に対してもコロナ禍は大きな災厄をもたらしたといえます。

感染者数が増加した初期には、イベントなどもまったく開催することができなくなりました。イベントは、書店にとって本業とはいえません。しかし、実をいうと私は「イベント担当」ともいえる顔をもっていて、自分が関わったイベントで出張販売することが業務の柱のひとつになっていたのです。

感染拡大前には、年間二十五回前後、イベントでの出張販売をしていたのに、感染が拡大した二〇二〇年には四回になったのだから深刻でした。

二〇二〇年の後半になってから地元のイベント会社主催でウェビナーなどを開催するようになり、二〇二一年に入ってから少しずつイベントを行えるようになっていきました。時間をかけながら以前のような状況に戻ろうとしています。それでも感染拡大初期の頃の書店は閉塞感《へいそく》が強くなっていたのは間違いないことでした。

書店といえば〝お客さんを待つ店〟というイメージが強いのだと思います。しかし、みずから何も動かず、ただじっとしているだけでは、地域ごとにある書店はシュリンクしていく一方です。

コロナ禍によって書店の危機意識はいっそう強くなりました。これまでどおりのやり方をしていてはどうにもならないと感じている人は決して少なくはないはずです。イベントの開催といったことに限らず、何かのアクションを起こしていかなければ先がないのではないか。

それが今回、この本で考えてみたいことでもあります。

たとえば私は、各種イベントの開催を増やそうとしているだけでなく、「岩手県内から無書店地域をなくす」、「これまでにはなかった新しいかたちの本の循環システムを実現させる」という目標を掲げています。思うように進められずにいる企画もある一方、すでに動き出しているプロジェクトもあります。

私の場合、「これをやればビジネスになるのか？　利益になるのか？」という観点から行動の指針を立てているわけではありません。可能性があることなら、とにかくやってみる。そういうスタンスに立って仕事をしています。

今現在、店舗勤務ではなく外商部所属になっている私は、およそ書店員らしからぬことを日々行うようになりました。イベントに関していえば、さわや書店が開催するイベントを仕切るだけでなく、盛岡市内の公共機関や企業が主催するイベントのコーディネートまでも引き受けるようになりました。

新聞に書評を書いたり、ラジオに出演したりもしています。

醤油《しょうゆ》の商品開発に携わったこともあります。その醤油は、さわや書店の店頭で販売しました。

書店員がどうして醤油の開発をして、書店の店頭で販売しているのか!?　と驚かれた人もいるかもしれません。私にしても、当たり前のこととして醤油の開発に関わったわけではありません。自分のやっていくことに枠組みをつくらず、どんなことでも敬遠しないでやってきた結果としてのことなのです。

そういう姿勢でやっていることによって広がっていくのが人の縁です。

きれいごとを言いたいわけではなく、それがビジネスにつながっていきます。こうしたところにこそ書店が生き残っていく道筋が見出《みいだ》せるのではないかとも考えています。

本屋としての本業とはいえないようなことをしていて、知り合った人がお客さんになってくれることもあります。ネット書店に注文すればすぐに届くような本をさわや書店で注文してくれる人は少なくありません。「うちには在庫がないので取り寄せになりますよ」と返しても、「それでいいので届いたら教えてほしい」と言ってくれます。

一度の注文の売上げは大きくなくても、注文してくれるお客さんが増えていけば、まとまった売上げになります。コロナ二年目の二〇二一年にしても、経営が好転する要因などはなかったにもかかわらず、売上げは復調傾向です。それは、こうした積み重ねがあったからだともいえるのです。

「今後はますます人とのつながりが大切になっていくのだろうな」ということは、コロナがあったからこそ実感できたことです。

これから自分に何ができるのか？

個人の力でやれることなどはしれているのかもしれません。

とはいえ、やろうと思えばどんなことでもできます。

私は書店員になる前、ブラック企業としかいいようのない広告代理店で朝から晩まで働き続けていました。二度とその頃には戻りたくはありません。

しかし、当時の社長から聞かされた忘れられない言葉があります。

「食品に関する広告を考えるときには、吐くまでそれを食べろ。文具であるなら壊れるまで使え。車であるなら、もう嫌だというまで乗り続けろ。そうすることではじめて生きた言葉をつくることができるんだ」

ブラック企業だからこそ口にできたことなのかもしれません。ですが、限界まで商品（仕事）に向き合うべきだということは業種を問わずに通じる教訓です。

もっとやれることがあるのではないか？

簡単に妥協はしていないか？

そう考えてみたなら、これでもういいと納得できるポイントなどはなくなります。

まだまだやれることはある。

やらなければならない。

そう考えながら私は、日々、あちらこちらを駆けずり回っています。

書店員の姿らしくないと思われるかもしれませんが、私自身はこれがこれからの書店員の姿ではないのかという気がしています。

書店員が汗を流し続けていてこそ、本屋は存続できるのではないかと思うのです。

第1章 さわや書店とはどんな本屋か

第2章 仕事で必要なノウハウはすべて営業で学んだ

第3章　地域経済の輪のなかで

第4章　ヒントはいつもまちの中に

対談　田口幹人×栗澤順一

装丁　菊池祐

第1章

さわや書店とはどんな本屋か

〝仕掛ける書店〟の名物書店員たち

さわや書店とはそもそも何なのか!?

という疑問をもっている方も多いかと思います。

答えは岩手県盛岡市を中心に数店舗をチェーン展開している老舗《しにせ》書店です。

それだけなら何のニュースバリューもありません。しかし、このさわや書店にはかつて全国的にも名が知れた名物書店員が集まっていて、次々にユニークな企画を打ち出していたのです。独自の仕掛け販売によって地方書店とは思えないほど販売部数を伸ばすことができた例も少なくありません。全国的なベストセラーではなく、あまり知られていなかった本を一店舗だけで一千部以上売るようなケースもありました。

さわや書店の仕掛け販売で、とくによく知られているのが「文庫X」です。

ああ、あれをやった書店か、と思われた方も少なくないのではないでしょうか。

二〇一六年にさわや書店フェザン店が始めた文庫Xという特殊な販売方法は、全国的なムーブメントになりました。

ある文庫本の表紙をオリジナルの手書きカバーで覆ってしまい、書名をわからなくして、販売したのが文庫Xです。

この覆面文庫の正体はすでに明らかにしています。清水潔《しみずきよし》さんのノンフィクション『殺人犯はそこにいる―隠蔽《いんぺい》された北関東連続幼女誘拐殺人事件―』（新潮文庫）です。

文庫Xでは〝買わなければ中身はわからない〟ことを前提にしていたので、「作家の名前すらわからない本を八百円も払って買う人がいるのか？」とも言われていました。それくらい実験的な試みだったのです。地方の書店だからこそできたことだといえるのかもしれません。しかし、この企画が大ヒット！　さわや書店だけにはとどまらず、同じ販売方法が全国に広がりました。文庫Xのかたちをとった『殺人犯はそこにいる』は、全国六百五十以上の書店で三十万部以上売れたのでした。


文庫X以前にも初代名物店長といえる伊藤清彦《いとうきよひこ》さんや、そのあとを継いだ田口幹人《たぐちみきと》さんが伝説的なヒットを飛ばしていました。そのため、さわや書店は、出版社や販売会社（取次）、全国の書店員や本好きのあいだではそれなりに知られる存在になっていました。

早くから〝仕掛ける書店〟として認知されていたことが文庫Xの大ヒットにつながった

ともいえるのです。

かつての盛岡三大書店とさわや書店の改革

私がさわや書店に入社したのは一九九九年です。

大学卒業後には盛岡市内の広告代理店に就職しました。いまでいうブラック企業でした。その会社を三年半で辞めたあと、さわや書店の門を叩《たた》くことになったのです。

個人的ないきさつについては、あらためて次章にまとめます。

私は大学が盛岡だったので、さわや書店の存在は学生時代から知っていました。

本店は盛岡市中心部の大通《おおどおり》商店街にあり、自社のテナントビルの一階と二階を売り場にし、隣には児童書専門店の「モモ」を併設していました。道路を挟んで真向かいには、さわや書店とおよそ同規模の一階と二階を合わせて百八十坪となる第一書店。少し離れたところには東山堂《とうさんどう》ブックセンターという四百坪クラスの書店がありました。当時の盛岡三大書店です。学生時代にはこの三店舗を回れば探している本はだいたい見つかるという感覚でした。

どちらかというと、さわや書店は文芸書やコミックに強く、第一書店は人文書や芸術書を中心にしっかりとした品揃えで、東山堂ブックセンターは規模が大きく、総合力で勝負しているというイメージでした。

学生時代には、さわや書店がとくに個性的な書店という印象はありませんでした。さわや書店を大きく変えたのは一九九二年から本店の店長になった伊藤さんだったといえます。二〇〇七年には伊藤さんが声をかけるかたちで田口さんがやってきて、やがてフェザン店の店長になりました。

初代名物店長といえる伊藤さんが本店の改革を進め、その後に田口さんがフェザン店の改革に取り組んでいった流れです。

結果的にさわや書店の旗艦店は本店からフェザン店へと変わったのでした。その背景として大きかったのがジュンク堂書店が盛岡市内に出店してきたことです。田口さんがさわや書店に入社する一年前の二〇〇六年のことでした。

地場の書店であるさわや書店から見れば、ジュンク堂書店は〝黒船〟のような存在でした。もともと専門性の高い大手チェーンであるうえ、盛岡市内に新設された商業施設に入った店舗の売り場面積は七百坪を超えていました。

徒歩五分圏内にあるさわや書店本店が大きな打撃を受けたことは言うまでもありません。さわや書店のスタッフのなかには、さわや書店を「いつ沈没するかわからない泥船」にたとえて、ほかの書店に転職した人もいたほどです。

私も入社当時は本店の専門書売り場担当でしたが、フェザン店へ異動になりました。

その頃からフェザン店の改革が始まりました。「ジュンク堂書店に負けないためにはどうすればいいのか？」という課題が背後にあったのです。

というよりも、田口さんとはずいぶん語り合い、ともに生き残る術《すべ》を考えてきたのです。

伊藤清彦の改革事始め

伊藤さんは、田口さんが入社した翌年の二〇〇八年にさわや書店を辞められました。

私がフェザン店に移る前、本店に勤務していたあいだは、ずっと伊藤さんが店長でした。

ただ、私が入社した段階では、現在につながるさわや書店のスタイルはほぼ完成されていました。そのため伊藤さんがどのようにさわや書店を変革していったかについては聞いた範囲での話になります。しかしここでは、そこから振り返っていきたいと思います。書店のあり方を考えるうえでは参考になる部分も少なくないからです。

伊藤さんがさわや書店に入った九〇年代初頭は、盛岡三大書店のなかでも、文具店から商売を興していたさわや書店はとくに強い特徴を打ち出せずにいました。

この頃のスタッフの多くはパートの女性で、仕入れに関しても古参の女性が仕切っていました。断定的な物言いは避けるべきだとはいえ、売上げを伸ばすための工夫らしい工夫をすることはなく、取次から送られてきた本をそのまま並べるのに近かったようです。それでいながら、フランス書院文庫やグラビアアイドルの写真集など、女性の観点から気に入らないものは陳列しないといった偏りのある選別をしていたとも聞いています。

伊藤さんが注文した本が入ってくると、そうしたパートの方が黙って返品してしまうこともあったというから驚きです。

伊藤さんもいちどは会社を辞めたいと考えながら、改革を進めていきました。

入社当時の伊藤さんは文庫担当だったため、まずは商品構成を見直しました。市内の書店を見て回ることから始めたといいます。どこの書店でも、文庫の老舗といえる新潮文庫と角川文庫はほぼ揃えていて、次位として講談社文庫や文春文庫を多めに置いていました。それだけでも文庫の棚はおよそ埋まってしまいます。ちくま文庫などはわずかに入れておく程度で、一冊も入れていないレーベルもありました。

さわや書店も同じような状況でした。そこで伊藤さんは、新潮文庫を全点揃えるといったことにはこだわらず、ちくま文庫や講談社学術文庫を増やすなど、構成比を変えました。それだけで二週間後に売上げが二割上がったといいます。それまで月に三十冊程度しか仕入れていなかったちくま文庫を一気に四百冊揃えると、飛ぶように売れていきました。

その時点で「伊藤マジック」と騒がれだしたのです。

入社翌年に店長になると、さらにダイナミックに商品構成や配置を見直していきました。店頭に何を置くかは当然重視し、平台も最大限、活用しました。

当時の本店では午前中は年配の人が多く、午後には女性客が増えるなど、時間帯によって客層が変わっていました。そのため、時間を見ながら店頭の雑誌平台を入れ替えて、朝と夕方では別の店のように見せるやり方も導入しました。

店頭では、さまざまなフェアも展開しました。早川書房のポケット・ミステリフェアや平凡社の東洋文庫フェアなど、地方の書店としてはかなり思いきったことをやりながら好評を得ることが多かったといいます。農政問題が話題になったときには農協関連本をレジ横に並べたうえで、立花隆《たちばなたかし》さんの『農協』（朝日新聞出版）を売り出すような手法をとりました。

そうした際にうまく活用していたのがＰＯＰです。

さわや書店の代名詞的存在とも言えるＰＯＰを導入したのも伊藤さんだったのです。

新刊書や話題書ではなく〝いま読んでほしい〟と思える本を前面に出しながら、結果を出していきました。本店はもともと、子連れとお年寄りが多かったのに、伊藤さんが改革を進めたことで、幅広い層の人たちが足を運んでくれる店になっていったのです。

伝説の仕掛け販売となった『天国の本屋』

伊藤さんは、地元のラジオやテレビに出演したり、タウン誌に書評を書いたりして、本を紹介する場所を広げていきました。とくにラジオの反応がよかったようで、伊藤さんが取り上げたことで一千部以上の売上げにつながった本もあったといいます。地方書店では考えにくい数字です。

なかでも伝説になっているのが『天国の本屋』（かまくら春秋社）のヒットです。かまくら春秋社という地方出版社から出されていた横書きの薄い本なので、そうした本を見つけだしたこと自体、目の付け所が違います。この本は売れるのではないかとふんだ伊藤さんは、POPを作り、平積みで売り出しました。するとまもなく、さわや書店本店で売上げ一位になったのです。さわや書店に訪れる出版社の営業担当者も、全国どこの書店でも見られない現象に興味を示しました。

松久淳《まつひさあつし》さんと田中渉《たなかわたる》さんによる、本屋をめぐるファンタジー小説です。


やがて新潮社が文庫化して、映画化までされたのですから、驚くばかりの展開でした。伊藤さんは、ベストセラーの本をさらに売り伸ばすというよりは、世に知られていない本を発掘して仕掛けることが多かったのです。

医師でもある鎌田實《かまたみのる》さんの知名度が今ほどではなかった頃、一般向けに書かれた最初の著書『がんばらない』（集英社）を半年で千五百冊売りました。地方の一店舗で売れるレベルをはるかに超えています。

これらの例に限らず、著者や出版社に感謝されることも多かったようです。

地道な検証作業も怠らなかった

伊藤さんについてはPOPを使った手法が評価されがちですが、本質は別のところにある気がします。なにせ文庫本の構成比の見直しのような根本的なところから手をつけた人です。

『盛岡さわや書店奮戦記』（論創社）という伊藤さんの著書のなかでは「さわや書店が伸びた理由のひとつはスリップの二重管理なんです」と書かれています。

売上げの管理にコンピュータが導入されつつあるなか、伊藤さんは常に、前日の売上げスリップ（本に挟んである細長い伝票）をすべてチェックして、ノートに書き写していました。

「どのジャンルがどのような流れで売れているのかということを、頭の中に全部通す試みであり、それをやらないと駄目なんです」といいます。

コンピュータの画面をスクロールしているだけでは何も頭に入らず、残らない、ということが理由でした。

伊藤さんは、記録したノートを担当者ごとに振り分け、それぞれのノートに書き写させていました。そのうえで、売れ行きの意味を担当者に確認させて、注文に関する指示を出していたのです。

ものすごい手間がかかるやり方だったにもかかわらず、そういう検証作業を怠りませんでした。データアナリストが行う領分のことを手作業でやっていたのですから、誰でも真似ができることではありません。

伊藤さんとの思い出

伊藤さんが本店の店長だった頃、私は二階の専門書売り場にいたので、直接、教えを受けてはいません。厳密に言うと、伊藤さんは一階フロア担当の店長で、ほかに二階フロア担当の店長がいたので、伊藤さん直属にはならなかったからです。

それでも、伊藤さんと二人きりで話をする機会はそれなりにありました。

伊藤さんは自分の仕事をするときには使い勝手が良かったのか、事務所ではなく男子休憩室を自分のデスク代わりにしていました。当時は休憩室で注文や在庫の管理をしている時間が長くなっていて、店頭に立つことは減っていました。それで私が休憩時間に入って一緒になると、仕事の妨げにならない程度に話をすることがあったのです。

伊藤さんの人柄に触れられたことは何度かあります。

伊藤さんは朝礼などでも常に強気のスタンスを崩さないように見えていたので、「どうしてですか?」と聞いてみたこともありました。そのとき伊藤さんは「リーダーが一瞬でもひるんだ姿を見せると、周りにも不安や迷いが伝染してしまうので、やせ我慢であっても常に自信があるようにしている」と答えてくれました。

また、私の直属上司にあたる二階フロア担当の宮沢宏明店長には「いつも助けられている」とも話していました。

「宮沢店長が二階の売上げをしっかりあげてくれているからこそ、自分は冒険ができるんだ」という言い方をしていました。伊藤さんは決してワンマンではなく、周りを評価しながら自分のやり方を貫いていたのです。


伊藤さんがどうしてさわや書店を辞められたのかはわかりません。タイミングとしては、ジュンク堂書店が出店して本店が大きな打撃を受けたあとになります。しかし、責任をとったというようなことではなかったのではないか……。書店の今後の展開といった部分などを考えた末の判断だったのではないかという気がします。

退社後、時間をおいて伊藤さんは一関《いちのせき》市立図書館の副館長になられました。

しかし、二〇二〇年二月になって急性の心臓病で亡くなられてしまいました。六十五歳という年齢でした。残念でなりません。

田口幹人がやってきた！

田口さんは、伊藤さんに誘われるようにさわや書店に入社し、フェザン店に配属になりました。私がフェザン店に異動したのと同じ時期です。

岩手にUターン後まず、さわや書店の向かいにあった第一書店に勤めるようになり、その頃に伊藤さんと親交をもったそうです。

人を介して伊藤さんからお酒に誘われたのが最初で、「さわや書店にこの人あり」と言われていた競合店の店長から声をかけられたことには驚いたといいます。

この頃に田口さんは、伊藤さんからいろいろと学んでいたようです。

「本には旬というものがある。新刊だから旬というわけではなく、古い本でも旬がやってくる。そのタイミングを逃さずいかにお客さまに提案できるかが書店員に問われる」

そういう言葉を伊藤さんから聞かされていたそうです。

田口さんの著書『まちの本屋』（ポプラ文庫）にはこうも書かれています。

《僕たちは、そのＰＯＰが全国に広がっていくことに興味はないのです。それは僕たちの仕事ではない。大事なのは、自分の店の目の前のお客さまに、本との出会いのきっかけをどう提示できるかということ。その意味で、本屋の価値とはどこにあるのか。それは、お客さまが読みたいと思える本がどれだけあるか、ということに尽きるのではないかと思います。

買われなくても構わないのです。読みたい本が、そこにある。そういうきっかけや状況を、書店員がつくりだせるかどうか。ＰＯＰは、それを演出する一つの方法に過ぎません》

田口さんは第一書店に五年半勤めたあと、二〇〇〇年からは実家の書店を継ぎました。岩手県と秋田県の県境にある西和賀町《にしわがまち》です。二十坪ほどの店内では、本だけではなく雑貨や駄菓子、化粧品なども扱っていたというので、田舎のよろず屋に近い店だったのでしょう。私たちの世代であれば店の様子は想像できます。そこで七年間頑張りながらも、やがて続けていくことができなくなりました。近くに大型書店が入ったショッピングセンターができたことも大きかったようです。それで店をたたんだあとに、さわや書店に来たのでした。

田口さんの噂は入社以前から耳にしていたので、すごい人が来るのだろうな、と最初から期待していました。実際にその仕事ぶりには出勤初日から驚かされました。

私は新しい店舗に異動になれば、初日は売り場の全体像を把握して、スタッフの顔を覚える程度で終わってしまいます。しかし、田口さんは違いました。文庫担当に決まっていたこともあって、初日から棚への商品補充をしつつ、在庫の状態を確認したうえで足りないと感じた商品の発注までしていたのです。

東日本大震災に教えられたこと

〝この地、この売り場、このタイミングで売りたいと思った本を、最大限効果を発揮できるようにしながら仕掛けていく〟

田口さんが目指したのはそういうことだったのでしょう。

先に紹介した言葉からもわかるように、ＰＯＰを作ること、売り場を目立たせることが目的ではありません。かたちを問わず、お客さまに伝えたい情報をいかに伝えていくかということをとことん考えていたのです。

ＰＯＰを作るかどうかはケースバイケース。必要がなければ作らず、必要があると思えば、かなり大きなパネルを作っていました。

私はＰＯＰに関しては、さわや書店に入ったときから目にしていたので、書店においては当たり前にあるものというような感覚になっていました。

もともと文学少年ではなかったうえに、まず専門書売り場に配置されたので、自分でＰＯＰを書いてみようという気にはなりませんでした。特に、物語という漠然としたものを不特定多数の人に勧めるという行為自体にもどこか違和感がありました。本というものは個人がそれぞれの感性で消費すればいいのではないかと思っていたからです。

しかし、震災があったことにより考え方はずいぶん変わりました。

東日本大震災のあとは時間をかけながら通常営業に戻していきました。店を再開した直後に大勢のお客さまが駆けつけてくれたときのことは生涯忘れられません。

こういうときにも……というより、こういうときだからこそ、これだけ多くの人が本を必要とするんだということを目の当たりにして胸がいっぱいになりました。

私の故郷でもあり、被害が大きかった釜石市《かまいし》にある支店の手伝いにも行きました。フェザン店では、店頭に震災関連本や地域の本を並べるフェアを続け、震災の現実を伝えるために連続講演会も開催しました。

このイベントの詳細は後述しますが、震災後の一連の経験によって〝この地、この売り場、このタイミング〟で読んでもらいたい本を提示していく意味の大きさを知ることができたのです。そのためにも田口さんがＰＯＰをうまく利用しているのだということも理解できました。

店の中の〝一等地〟につくった郷土書コーナー

ネット書店や大型書店などでは、新刊書、話題書の販売がメインになります。しかし、既刊本であっても「読んでほしい」と自信をもてるものを勧めて、売っていくことはできます。伊藤さんや田口さんがそこにこだわっていたように、埋もれた良書を掘り起こして世の中に届けていくのは大切です。社会的な意味をもつと同時に、ネット書店や大型書店に対抗する戦略にもなりうるからです。

田口さんは、意図して地元のニュースに関連する本などを多く取り上げていました。他人事《ひとごと》ではないはずのニュースを自分事にする役割を果たすのが本であり、それをアナウンスしていく手段のひとつがPOPだという考え方だったのでしょう。

伊藤さんもそうだったように田口さんは郷土の本を売ることに力を入れていて、フェザン店に来たあと、すぐに郷土書の棚を店の入口近くに移しました。

入口近くの棚は書店における一等地のような場所です。通常は新刊書、話題書の棚として展開するものなのに、そこに郷土書を食い込ませてしまったのでした。販売会社からもよく疑問を投げかけられました。一等地に郷土書の棚を置くなんてあり得ないというのです。

郷土書のコーナーには、宮沢賢治《みやざわけんじ》、石川啄木《いしかわたくぼく》関連の本のほか、岩手出身作家の著書や郷土史なども揃えました。

それだけではありません。直接、岩手とは関係のない森昭彦《もりあきひこ》さんによるサイエンス・アイ新書『身近な雑草のふしぎ――野原の薬草・毒草から道草まで、魅力あふれる不思議な世界にようこそ』(この本に関してはさまざまな工夫をしてフェザン店だけで九百冊以上を販売)や増田寛也《ますだひろや》さん(元・岩手県知事)の『地方消滅――東京一極集中が招く人口急減』(中公新書)を置くなど、独自の仕掛けも施していました。

『ものいわぬ農民』(大牟羅良《おおむらりよう》・岩波新書)という刊行年が古い本については、版元である岩波書店にお願いして復刊してもらって展開していたほどです。

東日本大震災のあとには萌文社《ほうぶんしゃ》という出版社から出ている『吾《わ》が住み処《か》ここより外になし――田野畑村《たのはたむら》元開拓保健婦のあゆみ』(岩見《いわみ》ヒサ・保健婦資料館 企画・編集)を大量に仕入れて売り出しました。

著者の岩見ヒサさんは岩手県への原発誘致の反対運動をおこした人です。この本を売り出す際、田口さんは次のように書いたPOPを作りました。

「岩手県に原発がない理由が本書を読むと分かります。一一八ページをご覧ください」

さわや書店でこの本はずいぶん売れたので、重版にもつながりました。このときにしてもPOPが果たす役割の大きさを痛感したのです。

黒船に対抗するため、バランスは捨てた

いつしかフェザン店はさわや書店の旗艦店といっていい存在になっていきました。フェザン店の店づくりにおいては、ジュンク堂書店を意識した部分が大きかったといえます。それまでのフェザン店は、売り場面積が百八十坪しかないにもかかわらず、総合書店のスタンスを取っていました。駅ナカの本屋らしくバランス型でやっていたということです。しかし、それではジュンク堂書店などの大型書店にはかないません。そこでフェザン店は、ある意味、総合書店としてのバランスを捨てました。

盛岡市の人口は約三十万人です。誤解を恐れず言うなら、そのうち二十五万人に嫌われてもいい。残り五万人に「おもしろい本屋だ」と思ってもらえることを目指していこうという考え方です。

店頭に郷土書のコーナーを設置したのもバランスを捨てたわかりやすい例です。

POPにしてもそうです。全国の書店で見られるようになってきたとはいえ、店のあち

らこちらにPOPがあれば、それだけでも拒否反応を示すお客さまもいます。しかし、ある程度、好き嫌いの問題が出るのは仕方がないと割り切ってしまいました。そういう発想のもと、エッジの効いた書店を目指していくようになったのです。

総合書店としてのバランスを放棄すれば、在庫にも影響は出ます。

店頭でお客さまから問い合わせを受けた本の在庫がないケースも出てきます。そんなときには「ジュンク堂さんに行ってみてください。あちらの書店のほうが品揃えがよく、専門的な本が揃っていますから」とスタッフ一同、答えるようにしていました。

「いや、そんなに急がないから」と、さわや書店で注文してくださる人もいれば、「教えてくれてありがとう」とジュンク堂に向かわれる人もいます。

品揃えで勝負することはできない以上、仕方がないことです。

お客さまにネットで注文されるよりは、他店であってもリアル書店で本を手にしてほしいという考えもあったので、こうした案内は、当時のフェザン店ではほぼフォーマット化していたくらいでした。

文庫Xというムーブメント

この時期のさわや書店には〝スタープレイヤー〟が集まっていたといえます。

「もっと若い時に読んでいれば……そう思わずにはいられませんでした」という手書きPOPを目にされた方も多いと思います。二〇二二年の時点で、「思考の整理学」（外山《とやま》滋比《しげひ》古《こ》・ちくま文庫）の累計発行部数はなんと二百六十三万部。そのブレイクのきっかけになったのが、二〇〇六年に松本大介《だいすけ》さんが書いたこの魔法のポップです。

既刊本を掘り起こし、スポットライトを照らすという伊藤イズムを引き継いだ松本さんは、出版業界の関係者はもちろんのこと、お客さまからも一目置かれるようになりました。その後も数多くのPOPとともに仕掛け販売を手がけ、本店、上盛岡店（閉店）勤務後、二〇一七年に盛岡駅ビルフェザン本館にオープンした「ORIORI」の店長に就任しました。さわや書店のエースとして、満を持して新規店の舵《かじ》取りを任されたのでした。

また、二〇一五年にさわや書店に入社、その翌年に文庫Xを仕掛けたのが長江《ながえ》貴士《たかし》さんです。活躍ぶりが特異なうえに『書店員X』（中公新書ラクレ）という著書を出したこともあり、全国的に名前を知られることになりました。

文庫Xがあれだけ大きなムーブメントになったことには本当に驚きました。長江さんは、神奈川県で十年ほど書店員をしていたあと、さわや書店にやってきました。

文庫Xは奇をてらっただけの企画ではありません。長江さんの著書によると、中身となる『殺人犯はそこにいる』については、はじめて読んだときから「一人でも多くの人に読んでもらいたい」と感じていたそうです。しかし、連続殺人を扱うノンフィクションは、そもそも読む人が限定されがちなジャンルです。その部分での先入観を取り払って手にしてもらうにはどうすればいいかを考えての手法だったのです。

表紙を隠して、何の本かもわからない状態で買ってもらうというアイデアは誰にでも思いつけるものではなく、長江さんならではのものだといえます。

また、その企画にゴーサインを出したうえ、ムーブメントをつくりだしていくうえでもバックアップしていた田口さんの力も大きかったのでした。

この企画は本来、さわや書店フェザン店から発信して、さわや書店の各チェーン店まで広がれば十分だったのに、さわや書店に限定することなく全国へと拡大しました。その過程においては田口さんが築いていた全国の書店員のネットワークが生きていたのです。

独自性の強い企画が成功した場合、他店には真似をされないようにガードを固めるのが普通といえるのに、田口さんは逆に、自ら働きかけて拡大を促しました。

特許を取れるような商品を開発していながら権利を放棄するのにも似ています。

全国に広がって話題性が高まったメリットもありました。この頃、私は異動で外商部の所属になっていました。訪問先で、文庫Xの話になることが多かったので、営業的にも利用していくことができたのです。

文庫Xのあとも田口さんや松本さん、長江さんは仕掛けを続けました。

長江さんは文庫Xに続く第二弾企画として「帯1グランプリ」を展開しています。タイトルや著者名を隠して、いろいろな文庫の帯だけを見せて販売する手法でした。文庫Xほどの爆発力はなくても、マスコミに取り上げてもらい、それなりの話題になりました。

この頃のフェザン店では〝常に何かをやっている〟ということが代名詞のようにもなっていました。

毎回、ホームランを打つことはできなくても、間隔を空けずにヒットを打ち続けることをみずからに課していたのです。

POPを作る難しさ

企画によって本を売り出そうとしても、当たり外れはやはり出ます。ヒットしたものがあれば、そこにばかり目がいきますが、POPなどを作っても、反応らしい反応がないまま終わったものも多かったのが現実です。

ヒットにつながらなかったPOPにしても、それを作るためにはそれなりの労力が必要なのは言うまでもありません。

一冊の本を読むたびにひとつのPOPを作るわけではなく、何冊もの本を読んだなかから店で勧めたいと思える本を選んでいます。

コミックなら一冊一時間かけずに読めるものが多くても、小説だと一冊三時間とか五時間、ページ数が多いものなら十時間以上かかることもあります。十冊の著書をもつ作家の一冊をPOPにしようと考えたときには、対象の一冊だけではなく十冊すべてを読む必要も出てくるので大変です。その作家だけでなく、似た系統の小説を書いているほかの作家の作品と比較しようとすれば、読むべき本はどんどん増えていきます。

また、ＰＯＰを作成する際にも、頭の中では幾通りものアイデアを絞り出し、そのなかから自信がもてるものを選ぶようにしています。

そう考えてみれば、松本さんや長江さん、田口さんはものすごい時間をかけて本を読み、コピーを考え続けていたのがわかります。毎日の筋トレのように地道な努力を続けていたということです。

「返品率の抑制」という業界の課題

仕掛けてうまくいかないことは少なくなく、その失敗の代償は決して小さなものではありません。

以前はまだ、大量に仕入れて、残ってしまったとしてもそれなりの数を返品できたのですが、近年はそれがずいぶんやりにくくなりました。

まず大量に仕入れるのが難しくなっています。五冊仕入れて四冊返品したというようなケースでも、販売会社から「これはどういうことですか？」と問い合わせが入ることが増えてきました。

以前はそこまで厳しくはなかったとはいえ、それに近い重圧を受けながら田口さんたちは仕掛けを続けていたのでした。

現在、少し規模の大きい展開をしたいと思っても、勝算があることを示したうえで想定しているほど売れなかったときにはどうするか、といったことまで説明できなければ、販売会社にもなかなか納得してもらえません。

返品率の抑制は業界全体の大きな課題になっていて、大がかりな仕掛け販売をするのは難しくなっているのです。

こちらとしては「十回仕掛けてそのうち一回が当たればいい」という感覚であっても、販売会社の側では「仕掛け販売をするために大量に仕入れるのであれば、当たる確率をもっと上げてほしい」というような話になります。

〝売れるものだけを注文してほしい〟というのが販売会社の考え方なのに対して、こちらとしては売れるものを必死に探して、つくりだそうとしているのです。

どちらが良いか悪いか、ではありません。そもそもの発想が正反対のところでせめぎ合いつつ、売り場を作っているのが現状なのです。

「やってみればいい」というスタンス

さわや書店の仕掛け販売は、会長のキャラクターがあってこそ、できていた部分もあります。当時の社長で現会長の赤澤《あかざわ》桂一郎《けいいちろう》という人は懐が深く憎めないタイプで、私は尊敬しています。同じような印象をもつ社員は多いのではないでしょうか。

人情味があり、キャリアが浅いスタッフの訴えや相談などにも耳を貸してくれます。若いときは現場に顔を出して、スタッフに声をかけてねぎらうようなことも多かったようです。

最初から相手の話をシャットアウトしてしまうことはありません。社員がアイデアを出せば、「おもしろそうだな、やってみろ」と背中を押してくれることが多いのです。

もちろん、細かい指示を出す場合もあります。それでも基本的には「現場のことは現場のスタッフに任せる」、「会社にマイナスにならないならやってみればいい」というスタンスです。会長がそういう人だからこそ、普通では考えにくいような企画をやることにもためらいが少なかったといえます。

長年近くで見ていると、会長自身、もともと守りの人ではなかったのだと思います。

若い頃などは常にどこかにビジネスのヒントはないかを探し続け、人と会えばそのつながりをどこかで生かせないかと考え続けてきたのではないでしょうか。

見習うところが少なくはありません。

会長がよく口にする「地域のためになることを考えろ」という言葉にも共感できます。私の現在の動きについては次章以降にまとめますが、いまの私のテーマはまさに「地域貢献」であり、「地元貢献」なのです。

挑戦と撤退、「児童書専門店モモ」

会長がそのような人だったこともあり、さわや書店は、新規出店においても独自の試みを続けていくことができました。

話は遡《さかのぼ》りますが、伊藤さんが本店の店長だった一九九四年には、本店の隣のビルに「児童書専門店モモ」をオープンしています。モモを立ち上げたのは、周りの書店が児童書を軽視しているふうに見えたため、ビジネスチャンスがあると考えられたからです。実際に売上げも一定以上はマークできていて、本店にとっても頼れるフロアになっていました。

しかし、結果的には十二年頑張りながらも、モモは閉じることになります。児童書にはロングセラーのものが多く、売れるものがほぼ決まっているため、「児童書専門店は成り立たない」という結論にいたったからです。

伊藤さんは『盛岡さわや書店奮戦記——出版人に聞く〈2〉』（論創社）の中でこう語っています。

《イオンの郊外ショッピングセンターができ、その中に未来屋《みらいや》書店が出店したことで、モモは大打撃を受けました。それで児童書がコンピュータで売れるロングセラーの世界だと、あらためて認識させられたのです。

ロングセラーの世界ですから、コンピュータ上で、第一位から百位まで出るわけなんです。それを面で、しかも平積みで置けるスペースがあるところが勝つんですね。どんなに内容を把握し、棚つくりをしたとしても、大きさに負けてしまう》

《（ショッピングセンターに入る書店は）広い駐車場を備え、明るくてきれいで広い。やはり子ども連れでいくとしたら、郊外ショッピングセンターの未来屋書店のほうにいって

しまう。それで児童書専門店モモは撤退せざるをえなかった》

地方のまちの本屋全般にいえる苦しみの論理です。

児童書専門店という業態では余計にピンポイントでダメージが与えられてしまったということです。

〝待ちの本屋〟から〝使ってもらう本屋〟へ

コロナ禍の影響もあり閉店してしまいましたが、二〇一五年には盛岡駅ビルフェザン本館の中二階に「Ｐｏｒｔａ Ｍａｇｉｃａ（ポルタマジカ）」という二十二坪の店舗をオープンしました。盛岡駅ビルではフェザン店に続く出店でした。モモの閉店からは十年近く時間が経っていました。さわや書店はこういう挑戦を続けてきたのです。

二〇一七年にはやはり駅ビルフェザン本館の中に「ＯＲＩＯＲＩ」もオープンすることになります。

Ｐｏｒｔａ Ｍａｇｉｃａは田口さんの仕掛けだったといえます。イベントなどを通じて駅ビルフェザンの営業部とつながりが深くなっていたことから、出店を持ちかけられたのです。

Ｐｏｒｔａ Ｍａｇｉｃａはイタリア語で「どこでもドア」を意味します。この店舗では書籍だけでなく雑貨や文具、食品などを所狭しと並べました。店名からイメージされるように、バラエティ豊かな商品との出会いを通じて、いろいろな場所に飛んでいったかのような気分を味わってもらう売場を目指しました。

さわや書店は文具店からスタートしたこともあり、伝統的に書籍だけでなく文具も扱ってきました。それを一歩も二歩も進めたかたちです。

低迷している書籍の売上げを補完する目的のほかに、駅ビルのフェザンに来館するお客さまたちと地元ならではの商品を結びつける場にしたいという考えもありました。

岩手県には、南部鉄器や浄法寺塗《じょうぼうじぬり》、岩谷堂《いわやどう》簞笥《たんす》など数多くの伝統工芸品があります。しかし、それらの工芸品を取り扱うのは土産物店など一部に限られます。だからこそ、駅ビルというさまざまな人が行き交う場所でカジュアルな売場を提供したかったのです。伝統工芸品に限らず、個人で制作しているアクセサリーなども置くようになりました。

Ｐｏｒｔａ Ｍａｇｉｃａでは新しい本屋のスタイルを模索しました。

定番の商品をおさえるなどして在庫に目を配りながら売り場をしっかり維持していればお客さまは来てくれるという考え方が、従来の〝待ちの本屋〟です。

その路線でいる限り、大型書店には勝てないので、私たちは〝使ってもらう本屋〟という新しいあり方を探っていたのです。

「場所の提供」もそういうことです。Ｐｏｒｔａ Ｍａｇｉｃａという空間を私たちの意図から動かしていくだけではなく、お客さまの側でもいいように使ってもらう。あるいは使い方を考えてもらう。そういう発想でした。そのため、我々のほうからもいろいろな人たちに声をかけていき、商品を置いてもらったり販売会を開いてもらったりしていたのです。

そのことがこの後の展開に大きな影響を及ぼすことになっていきました。

物産展や駅のリニューアルにも協力！

二〇一六年の五月、畑違いの営業をしているうちに、ついには「岩手のモノづくり販売会」を開催することにもなりました。

フェザン本館の催事場を舞台に、岩手県内でモノづくりをしているさまざまな業者に出店してもらおうというイベントです。会場はＰｏｒｔａ　Ｍａｇｉｃａではなかったにもかかわらず、出店してもらう業者の選定や交渉、イベント当日のレジ管理などまでをさわや書店が仕切ることになったのです。

さも当然というように、その役割は私に振られました。

初めての試みで、不慣れな部分が多かったものの、なんとかやり抜きました。

衣服をリサイクルした織物商品を製造している「幸呼来《さっこら》　Ｊａｐａｎ」など五店舗に出店いただき、無事、開催できたのです。売上げが好調だったこともあり、岩手のモノづくり販売会はその後も回数を重ねていきました。売れ行きのよかった商品については、ＰｏｒｔａＭａｇｉｃａでも扱わせてもらう流れにもしました。

こうしたことが重なって、書店員であるはずの私には〝本を扱わない業務〟がどんどん増えていったのです。

第一回岩手のモノづくり販売会を開催したのと同じ二〇一六年にはもうひとつ大きなプロジェクトがもちかけられました。

翌春、盛岡駅がリニューアルするということから立案された「いわて銀河のしおり」です。駅のホームや駅ビルなどに、地元の文化を伝える展示物を設置していこうという趣旨のもので、この企画への協力を求められたのです。

岩手のモノづくり販売会は、書店の本業と同じ物販でしたが、盛岡駅のリニューアルに関しては物販ですらありません。しかも、きわめて公共的な企画です。

私と田口さんは通常業務をこなしながら、場違いな企画会議に毎回出席しました。そして、「地酒紹介コーナー」、「各観光地のパネル展示」、「コインロッカーの扉のデザイン」を担当することになったのです。情報収集から始めて、かなりの時間が割かれる作業になりました。大変だったとはいえ、いい経験になりました。

「店頭販売」「配達業務」に続く第三の方法論

書店にはもともと〝ほかの小売業にくらべて信用度が高い〟という特性があります。そのため、公共的な企画にも声がかかりやすくなっているわけです。

こうした際に協力を惜しまずにいれば、地域における接着剤のような役割を果たすこともできるのではないかと思うようになりました。

この部分をさらに突き詰めていけば、「店頭販売」と「配達業務」という書店の二大販売方法に加えられる第三の方法論が見出《みいだ》せるのではないかとも考えられます。

そうした可能性を求め続けていくことがさわや書店の使命なのではないか。

そういう結論にもいたっていました。

ORIORIが開店したのは「岩手のモノづくり販売会」を初めて開催した翌年にあたります。

商品構成はPorta Magicaと似ていたものの、雑貨に加えて、CDショップとパソコン教室を併設しました。体験型書店を謳《うた》い、本と音楽のコラボイベントなども随時開催しました。

ORIORIは可動式の什器《じゅうき》を備え、イベントやフェアを開催しやすいスペースだったので、この店舗をつくったことで仕掛けの幅はさらに広がりました。

この頃からまた新しい物語が動いていったといえるのです。

そしてスタープレイヤーたちがいなくなった

話を少し先に飛ばせば、令和という新しい時代を迎える直前、二〇一九年の春にさわや書店に激震が走りました。

先に名を挙げた田口さん、松本さん、長江さんの三人がさわや書店を辞めたのです。三者それぞれにこの業界やさわや書店の現在と未来を考えての決断だったのだと思います。コロナウィルスの感染拡大前年のことでしたが、書店業界の状況は決して明るいものとはいえませんでした。先細りになっていくのが危惧《きぐ》されていたなか、さわや書店でも運営体制の見直しが図られるようになっていました。そのことも彼らの決断とは無関係ではなかったはずです。

特に旗艦店であるフェザン店はより効率を求められました。これまでのような仕掛け販売をメインに据えるのではなく、駅ナカの書店らしく新刊を中心としたシンプルな店づくりを提案され始めていました。

バランスを捨てたはずのフェザン店に、駅ナカの書店らしいバランスを求めていこうということです。

駅ナカの本屋でも「まちの本屋」にしたかったが……

田口さんと私の共通した思いとして、フェザン店は「駅ナカの本屋であっても、まちの本屋にしたい」ということがありました。先にも書いたように正攻法でやっていてはジュンク堂書店などの大型書店に太刀打ちできないからです。

私たちはまちの本屋を目指す……、お客さまには、欲しい本があるときだけではなく、何もなくてもできるだけ足を運んでもらえるような店づくりを進めてきたつもりでした。郷土書の棚を店の顔にしたことなどもその一環です。にもかかわらず、これからは「駅ナカのシンプルな書店」を目指そうというのであれば、これまでと真逆な店づくりが求められます。それは苦心してつくってきた武器をことごとく手放すことにもなるのです。

そうなってしまえば自分たちの役割を見失ったとしてもおかしくはありません。そういうところに田口さんたち三人の決断の背景があったのではないかとも想像しています。

これまでずっと、田口さんたちとは戦友としてやってきていたので、三人がいなくなった喪失感は大きすぎました。

フェザン店と外商部と所属先は分かれていましたが、何かにつけて役割分担を決めて四人で動くことが多くなっていたのです。

例えばイベントを開催する際、地元マスコミを通しての告知や連動した売場作りは、松本さんや長江さんが担当します。イベントの司会やシナリオ作りは田口さんが、そして会場設営や集客などの裏方を私が請け負っていました。

またフェザン店で、松本さんや長江さんのアイデアから生まれた仕掛け販売を、田口さんが展開方法などのフォーマットを整え、それを私がさわや書店の他の店舗に広げていたのです。

サッカーでいえば、発信力や創造力で勝負できる松本さんと長江さんがフォワード、戦略を練るのが得意な田口さんはミッドフィルダー、後方支援が性格に合っている私はディフェンダーのようなものです。それが、いちどにフォワードとミッドフィルダーが抜けてしまったため、私はひとりでフィールドを駆け回らなければいけなくなったのでした。

フェザン店の売り場の個性が失われてしまう恐れもありました。

この頃、お客さまには「さわや書店（フェザン店）は、ほかの本屋とは違う」というイメージが定着していたはずです。フェザン店が以前のような個性を失っていっても、しばらくのうちは、かつての残像が消えずにいるかもしれません。だからといって、過去のイメージにばかり頼っているわけにはいかないのは言うまでもありません。

残されたスタッフで、新しいさわや書店、新しいフェザン店をつくっていかなければならなくなったのです。

戦い方を変えるしかない！

田口さんたち三人が辞めたあと、フェザン店のＰＯＰやパネルは一度、すべて撤去しました。文芸に精通した三人がいなくなり、すぐにあとを継げるような存在がいなかったこともあり、戦い方を変えるしかないと考えてのことです。

フェザン店がフェザン店らしくあるための顔を失ったようにも感じられたものでした。ただその一方では、常に仕掛けを続けていかなければならない呪縛《じゅばく》から解き放たれた感覚があったのも事実です。

スタープレイヤーたちが数々の伝説をつくってきていたことから生まれていた期待値＝幻想は非常に大きなものになっていたのです。

さわや書店に対しては、ＰＯＰやパネルを使った仕掛けをすればなんでもヒットさせられる、という誤った認識をしている方も業界内にはいるみたいです。

三人がいなくなったあと、数学系の専門書を扱う出版社の営業担当者から電話があり、次のように提案されたこともありました。

「これまでの専門書とは違って、イラストを多用したライトな路線のシリーズを刊行するので、さわや書店でＰＯＰを作って展開してほしい。そこから発信して全国に知名度を広めていきたいと考えています」

さわや書店でＰＯＰ展開をすれば成功が約束されると思い込んでいるような口調だったのですから、まさしく幻想に支配されていた営業担当者だったといえます。

このときは迷うことなく断りました。ＰＯＰの仕掛け人たちがいなくなっていたからというだけではありません。提示された新シリーズが、こちらが売りたいと思うようなものではなかったからです。仮に田口さんや長江さんが仕掛けを施したとしてもヒットさせられる商品だとは思えなかったのです。

POPは自分たちが「売りたい」という思いを持つことから始まるものです。また、本のジャンルが、POPと相性がいいかどうか、ということを見極めることが必要です。

田口さんたちの苦悩を見ていたからこそ、どんなものでもPOPで売れるというように安易に考えてほしくないという気持ちもありました。

さわや書店の現在地

POPからホームラン級の売上げが生まれることもありますが、ホームランばかりを狙っているわけではありません。ホームランになるのはあくまで結果であり、私たちは常に、地道にデータと向き合いながらお客さまのニーズを掬《すく》い取ろうとしています。

目の前の一冊一冊を丁寧に販売していく基本を忘れることは決してありません。

さわや書店は独自路線でばかり勝負しようとしていて、全国的な売れ筋商品などは売ろうとしないのではないかと見られることもありますが、それは誤解です。

ニーズがあるベストセラーはしっかり確保して、必要なお客さまに届けて、売上げにつなげています。そのために時間をかけて各出版社とのパイプを太くしてきたつもりです。書店としての大切な役割であり、その部分の売上げを軽視できるはずがありません。そうした底支えがあってこそ冒険もできるのです。

このようなスタンスは田口さんたちがいた頃から変わりません。ただし、彼らが去ったあと、変えなければ、変わらなければならない部分も出てきました。

ＰＯＰ展開を封じるわけではなくても、それまでとは違った角度からの仕掛けを考えながらいつまでも存続できる書店にしていく。

そういう課題を背負うことになったのです。

そのためにはどうすればいいいか？

〝まちの本屋を目指す姿勢は崩さず、むしろこれまで以上にその部分を大切にしていく。地域に溶け込みながら、できるだけ多くの人が本に触れられる機会を増やしていく〟

地味ながらもやはり、ベースはそういうところにある気がしています。

イベント開催などもこの役割を果たすことにつながるので、大がかりな仕掛けをしていくことはあります。しかし基本的には、慌てすぎずに先を見据え、じっくりと耕していかなければならないのだろうと思っています。
地道な作業であり、長い道のりです。
町の中で、町に住む人たちとともに、実を育てていく——。
それが、さわや書店の現在地です。

第2章

仕事で必要なノウハウはすべて営業で学んだ

突然の異動！

私は以前から「書店手帳」を愛用しています。大手販売会社の日本出版販売株式会社が発行しているこの手帳は、巻末に書店業界のデータや出版社の名簿が掲載されており、使い勝手がとてもいいからです。かれこれ二十年以上使用しており、過去の動きを再確認するために古い手帳を見返すこともあります。

田口さんたちがいた頃に時間を巻き戻すことになりますが、二〇一二年の手帳を見返してみると、複雑な思いになります。

一月から六月までの月別スケジュールは、当時、所属していたフェザン店のシフトなどでみっちりと埋め尽くされています。しかし、七月に入ると急に白紙になり、八月、九月と白紙が続きます。十月の最終週になってようやく予定が書き込まれているのです。

さわや書店の決算は六月なので、異動がある場合、例外を除けば七月一日付です。そうです、この年の七月に私はフェザン店勤務から外商部所属に異動になったのでした。

一年前にも外商部への異動を打診されていて、やんわりと断りを入れていました。異動の件についてはそこで終わったつもりでいたというか、ほぼ忘れていたほどだったのです。一年経って正式な辞令を伝えられたときには驚きました。

異動直後から手帳に白紙が続いているのは、何をしていいのかがわからなかったからです。普通の会社では考えにくいことかもしれません。ですが、異動後の私は、自分の仕事は自分で探すというか、つくりだしていくしかない状況だったのです。

結果的にここから私は一般的な書店員のイメージからはかけ離れた日々を送っていくことになるのでした。

〝読書の街〟に起きた大きな変化

二〇一二年は、フェザン店に勤務するようになり五年目でした。

出版市場の売上げのピークは一九九六年とされ、この年の売上げは約二兆六千億円ありました。翌年から右肩下がりになっていき、二〇一一年の売上げは約一兆八千億円です。十五年間で約三〇パーセント落ちていきました。

盛岡市内の書店の事情はそこまで厳しくなかった気はします。かといって盛岡だけが伸びる要素も見当たりません。読書のまちといえども、異次元のように書店が活気づいているわけではなかったのです。

そのうえ盛岡のなかでもさまざまな動きがありました。二〇〇三年にイオンモール盛岡がオープンしたことがまず挙げられます。この中に未来屋書店が入ったことで児童書専門店モモが打撃を受けたのをはじめ、さわや書店全体にも影響が出ました。

またそれは、さわや書店に限ったことではなく、郊外に大型ショッピングモールができれば市の中心街の空洞化にもつながります。続けざまに二〇〇六年にはイオンモール盛岡南もオープンしました。盛岡市では人が郊外に流れていく動きがますます顕著になりました。

同じ二〇〇六年には、中心街にも映画館を併設した大型商業施設「盛岡大通ショッピングセンター＆スクリーン　ＭＯＳＳ」ができたのですが、このビルに入ったのがジュンク堂書店だったのです。

市の中心街に本店、駅ビルにフェザン店を構えるさわや書店とすれば八方ふさがりにも近い状態に陥ってしまいました。だからといって、簡単に白旗をあげるわけにはいきません。自分たちに何ができるかを考え、さまざまな仕掛けを試みました。それが前章で記した田口さんたちがいた日々のことです。

ビジネス書の売上げ立て直しに注力

当時は、私自身も担当していたビジネス書、新書、資格書や語学書の売上げを伸ばすことに注力していました。

書店手帳には、駅ビルに立地する書店の売上構成比のデータも掲載されています。フェザン店の売上構成比と比べてみると、ビジネス書の売上げが占める割合は全国平均の半分程度しかないことがわかりました。文芸書や文庫の売上構成比は全国平均を上回っていたので、そこからさらに飛躍的に伸ばしていくのは容易ではありません。それよりも、ビジネス書の底上げを目指すほうが現実的だろうと考えました。もとから自分の担当分野です。なんとかしなければならないと意を強くしたのです。

自分の中で売上げを伸ばす勝算はありました。ビジネス書は長く担当してきたこともあり、多くのビジネス書版元には、相談に乗ってくれる担当者が増えていたのです。中堅の出版社には同世代の営業担当が多く、いい関係性を築けていましたし、大手出版社とのパイプも太くなっていました。中堅の出版社が出すビジネス書をしっかりと扱っていた一方で、大手出版社から話題書が出れば、切らさず展開するようにしていました。また、ちょうどこの頃から私は、企業や団体が開催する講演会や勉強会のコーディネートを行うようになっていました。その際には主催者側に講師の新刊や講演テーマに即した書籍を参加人数分購入してもらったうえで既刊本を会場で販売させてもらっていました。

講師の選定には出版社の協力を仰いでいたこともあり、担当者との関係は強固なものになっていたのです。上京した際には、できるだけ挨拶《あいさつ》に赴くようにもしていたので、連絡を入れる間隔が空いても「あのときは……でしたね」と思い出話ができる人も多くなっていました。

東北においてビジネス書市場が成り立つ北限は仙台《せんだい》だという説があります。しかし、フェザン店が接する盛岡駅は、岩手県内は言うに及ばず、北東北の交通の要所です。盛岡には大手企業の営業所や出張所が多いので、転勤族や出張で訪れるビジネスマンも少なくありません。盛岡駅から中心街へ向かう際に渡ることになる開運橋《かいうん》は〝二度泣き橋〟とも呼ばれています。赴任してきた転勤族が、はじめて開運橋を渡る際、「遠く離れたところまで来てしまった」とまずは泣き、転勤期間を終えて盛岡をあとにしようとするときには、盛岡から離れがたくて再び泣いてしまうからだといわれます。

ビジネスマンにもそれくらい愛されている街なのですから、フェザン店のビジネス書コーナーには、まだまだノビシロがあるはずです。

出版社の協力を得つつ売場をしっかりと構成し、講演会などの飛び道具を絡ませながら売上げをつくっていけば、ビジネス書市場が成り立つ北限を盛岡まで引き上げることができるのではないか。

その手応《てごた》えを感じていたのが二〇一二年の初め頃でした。それから半年ほどで異動を伝えられたのですから道半ばどころではありません。

フェザン店でやり残したことがまだまだあるという思いが強かったことが、外商部への異動を躊躇《ちゅうちょ》させた理由の一つでした。

未知の部署への戸惑い

異動がためらわれた他の理由としては、外商部の実態が見えなかったからです。

全国的に見て、店売と外商の売上げが拮抗《きっこう》している書店はあまりありません。店売か外商のどちらかを柱に据えて成り立っている書店がほとんどです。

さわや書店の場合は、圧倒的に店売が強いです。一九九〇年代に伊藤清彦さんが、さわや書店の代名詞にもなったPOPを駆使して本店の売上げを飛躍的に伸ばしていった結果といえます。波及効果でチェーン店全体の売上げ規模も大きくなっていました。地元のマスコミに取り上げられる機会も多くなり、来店してくれるお客さまも増えました。

その一方で外商部は、注目を浴びることなくひっそりとしていたのが実態です。

店売に歩調を合わせて売上げが伸びたという話は聞こえてきません。人員が増員されることもありませんでした。各店舗の日々の売上げやジャンル別構成比といったデータは、店売スタッフであればすぐに確認できます。しかし外商部のデータはシステムが別なので、売上げや配達先が把握しにくくなっています。店舗にいると外商部の輪郭が見えないのです。

本店の専門書売場が元気だった頃は、問い合わせや電話注文も多く、依頼主から事務所や病院に届けてほしいとオーダーされることもありました。その際には売場で書籍を揃えて外商部のスタッフに渡し、配達をお願いしたこともあります。売場の数字にはならなくても、さわや書店全体の売上げにつながればいいと考えていたからです。配達を足がかりに外商部のお客さまになってくれたなら、なおいいとも思っていました。しかし、その後の様子が伝わってきたことはありません。いちど配達しただけで、それっきりになっているケースが何度かあったのです。

さわや書店の売上げを伸ばすためにも魅力ある売場にしたいと、店売スタッフは日々頭を悩ませていました。それに対して外商部は、ルート配達をこなしているだけで、売上げを伸ばす努力をしているようには見えませんでした。実際がどうだったかはともかく、そのことに私は歯がゆさを感じていたのです。

フェザン店への未練と、外商という未知の部署への戸惑い。この二つがあったことが、二〇一二年の書店手帳に空白の三か月をつくった理由といえます。

私は「就職氷河期」に直面していた……

ここでさらに時間を巻き戻し、私がさわや書店に入る以前のこと、そして、さわや書店に入った当時からの動きについても振り返っておきたいと思います。

雑誌『就職ジャーナル』から生み出された造語である「就職氷河期」が、新語・流行語大賞の審査員特選造語賞を受賞した一九九四年、社会に停滞ムードが漂うなか、私は盛岡市内の印刷会社から内定をもらっていました。

業界の中では中堅だったその会社は出版も手がけており、いずれは出版事業を拡張する予定があるという点に魅力を感じ、新卒採用に応募していたのです。

友人の多くは県外、とくに東京に出ていきましたが、そういう憧《あこが》れはまるでありませんでした。むしろ東京一極集中に疑問を感じていたので、将来的には地元から情報発信ができる仕事に就きたいと考えていたのです。

しかし、地方都市では職種は限られます。数少ないマスコミでは新卒募集の枠は少なく、とんでもない倍率になります。テレビ局は全敗。並行して出版社も探そうとしましたが、盛岡には専門の出版社はありません。おそらく市場として成り立たないからでしょう。そこで目をつけたのが印刷会社だったのです。

望みの印刷会社で内定をもらったのだから、その段階で就職活動を切り上げていれば、いまとはまったく違った生活を送ることになっていたはずです。

しかし私は、何を血迷ってしまったのか……。

その印刷会社にはお断りを入れて、その後に募集をかけていた広告代理店のJ社に入社することになったのです。

悪夢の始まりは血迷った就職

J社は、全国紙系広告代理店の岩手営業所に所属していた数人が独立して始めた会社でした。設立後まだ十数年で、自社社屋を建てたばかり。社長をはじめ少数精鋭の社員はみな三十代半ばで勢いがあったというか、勢いがあるように見えました。

広告代理店といっても地方の小さな会社です。テレビドラマに出てくるような華やかな世界とは無縁で、おもな収益源は新聞広告と求人チラシでした。

新聞広告では、もともといた会社の下請けとして、全国紙の岩手版の広告スペースを担当していました。求人チラシは、盛岡エリアを中心にさまざまな企業の求人情報を見開き四ページのチラシにまとめ、同じ全国紙に折り込んでいくものです。現在ほどネット環境が整っていなかった時代なので、情報源としてチラシは重宝されていました。同業他社がほとんどいなかったことも幸いし、会社を支える業務になっていました。

企業の情報誌やパンフレット、チラシの制作なども請け負っていましたが、二本の柱にくらべれば心もとなかったのです。

そのため三本目の柱として社長が目をつけたのが出版事業だったのです。面接の際に手掛けてきたパンフレットやチラシを見て、そのクオリティの高さに目を見張りました。この会社は、岩手で初めての総合出版社になりえるのではないか——。不安はありながらもその点に惹《ひ》かれてJ社への入社を決意しました。

入社は一九九五年でした。阪神淡路《はんしんあわじ》大震災や地下鉄サリン事件など、社会を揺るがす大きな出来事が続けざまに起きた年です。

仕事で必要なノウハウはすべて営業で学んだ

希望どおり出版事業を含む企画開発部門に配属されて社会人としてのスタートを切りました。しかし、新設されたばかりの部署には蓄積されたノウハウはありません。入社翌年には、県内登山ガイドを発刊することが決まっていたものの、新たな企画が簡単に入ってくるわけではなかったのです。手持ち無沙汰《ぶさた》な状況が続くなか、求人チラシを担当する部署に異動になりました。あくまでも研修目的で、いずれは企画開発部門に戻すと言われてのことです。そんな約束も結局、その場限りのものになります。

チラシの発行は、毎月中旬と下旬の二回で、盆と正月にはページ数を倍増した特集号が出されます。私を入れた四人のスタッフで営業し、値段によって大きさが違う広告枠をひたすら埋めていく作業が始まりました。

新メンバーになった私はいくつか顧客を振り分けてもらいました。しかし、それだけでは足りません。当然ながら新規開拓をすることになります。ハローワークで求人票を集め、新聞や雑誌で求人広告を探し、めぼしい企業にひたすらアポを取っていきました。アポなしで飛び込み営業をかけることもありました。オン・ザ・ジョブ・トレーニングなどはまったくなしで、ひたすら足を使うばかりの日々でした。

営業先でお客さまと会って話をするのは苦にならず、むしろ好きでした。それでも成績はまったく上がりません。あるときなどは、仏具販売店の社長に話を聞く姿勢が評価されて「うちに来ないか」と誘われたこともあったのですから本末転倒でした。

やがて自分の営業力に自信をなくし、自分が人に勧めている広告という実体がない商品についても疑問をもちはじめました。いまなら自分の力不足だったといえます。当時は自戒もできず、つらい記憶を積み上げていくばかりの毎日になっていたのです。

このときの苦しさが、いまの私をつくってくれたのも確かです。

『人生に必要な知恵はすべて幼稚園の砂場で学んだ』(ロバート・フルガム/河出書房新社)というロングセラー本があります。私の場合は「仕事に必要なノウハウはすべて前職の営業で学んだ」ともいえます。

営業の心構えもこのとき学びました。営業は結果がすべて。それさえクリアできれば、あとは何をやっても構わないというのが、いい意味でも悪い意味でも基本。

出稿してくれそうな企業をストックするためには常に種を蒔《ま》き続ける必要があります。アポを取る場合は、とにかく先方のスケジュールを優先させる。商談は電話で話すより、できるだけ顔を合わせるようにします。

営業スタイルには答えがありません。ビジネス書はあくまでも参考書。最終的には、自分にあったスタイル、自分にしかできないスタイルを見つけるしかないのです。これから伸びる会社、広告を出してくれそうな会社を見抜く嗅覚《きゅうかく》を磨いていかなければ仕事は取ってこられません……。

小さな会社だったので、売上げがなければいつ沈没してもおかしくはない。

そういう危機感は常にもっていました。与えられた仕事さえこなしていれば安定的に給与をもらえるという意識の社員はいなかったはずです。少しでも売上げを伸ばすために、アンテナを張り巡らせながら、使える手はすべて使っていました。

読書体験、再び

Ｊ社では、私がはじめての新卒だったうえに唯一の若手だったこともあり、上司をはじめ、ほかの社員にはよくしてもらっていました。とくに新聞広告の部署に所属していたＳさんにはお世話になりました。私よりひと回り以上年上のおとなしい人です。映画や演劇、プロレスに詳しく、無類の本好きでした。

若いときはノンフィクションを読み、年齢を重ねるにつれエンタメ小説に傾いていったそうです。ひとり暮らしのアパートの室内には、所狭しと本が積み上げられていました。

当時はミステリーブームの最盛期でした。大沢在昌《おおさわありまさ》さんや髙村薫《たかむらかおる》さんは直木賞を受賞しており、宮部《みやべ》みゆきさんは脂が乗り切っていて、真保裕一《しんぽゆういち》さんや桐野夏生《きりのなつお》さんが台頭していました。北方謙三《きたかたけんぞう》さんや逢坂剛《おうさかごう》さんといった大御所も健在です。

部屋に遊びに行くたびSさんは読み終えた本を私に譲ってくれました。私のほうでもたまにお勧め本を持参するようになり、本の感想などを語り合うのが楽しみになっていました。

それまでの私は、胸を張れるほどの読書量はありませんでした。高校生の頃に吉川英治《よしかわえいじ》さんの『三国志』や司馬遼太郎《しばりょうたろう》さんの『項羽《こうう》と劉邦《りゅうほう》』などの中国歴史小説にはまりかけたものの、長くは続かず社会人になっていました。Sさんがいたからこそ読書の楽しみを再認識するようになったのです。

この時期に読書を重ねていなければ、再就職を考えることになったときに、さわや書店を気にすることもなかったはずです。

突然の嵐とリストラ

私なりに仕事に慣れつつあった入社三年目の一九九八年。嵐は突然、やってきました。

新潟に本社をもつ印刷会社が盛岡に進出してきたのです。最初は大ごとだという意識はなかったのに、その会社はすぐに資金力にモノを言わせて攻勢をかけてきました。私たちが月二回発行していたのと同じような求人チラシを月三回発行し、掲載料金も低く設定してきたのです。対抗しなければ、こちらの顧客はいなくなります。会社の存続もかかってくるので、社員に課せられるノルマは厳しくなりました。売上げ減を補うために新聞広告も取ってくるようにとも命じられました。

思うように数字が伸ばせられなかった私は、次第に追い込まれていきました。業界用語で、架空の契約のことを「てんぷら」といいます。ついにてんぷらにまで手を出していたのです。広告を受注したように見せて、自腹を切って広告費を補塡《ほてん》していました。いま振り返っても、よく精神的にもっていたなと思います。

悪いことは重なるもので、ちょうどこの頃、DTPへの移行が加速していました。企業のパソコン普及率も高くなっていたので、簡単なチラシやパンフレットなら企業が自前で作れるようになっていったのです。近年、紙の本から電子書籍への移行が進んでいるのとも似ています。変化に対応するためにはなんらかの手を打たなければならないのに、当時の私たちはそれができなかったのでした。

J社でもリストラが断行されるようになり、私によくしてくれたSさんも会社を去りました。若くて給与も安い自分は大丈夫だろうとは考えながらも、いよいよ精神的な部分でも限界をむかえていました。はじめて書いた辞表をカバンに忍ばせつつ会社に通う日が続いていたのです。

あっけなく、最後はやってきました。私が辞表を出す前に、社長からリストラを通告されたのです。

前触れもなく、「明日《あした》から来なくていい」と告げられました。

労働基準法に違反したそのやり方に、いまなら何らかの対抗措置をとろうとするかもしれません。しかし、そのときの私は、とにかくその場から早く離れてしまいたい気持ちが強かったのです。記憶が曖昧《あいまい》ながらも、さしたる言葉も残さず会社を去りました。

私のあとも相次いで社員が会社を辞めていき、やがて会社そのものが消滅したことは風の噂で聞くことになりました。

そして私は、さわや書店に入社した

一九七二年生まれの私は、恵まれない世代と思っています。

第二次ベビーブームで受験戦争は厳しかったうえ、就職時には不景気に突入していました。高度経済成長の恩恵もバブルの恩恵も受けた覚えがありません。その果てに一九九八年には無職になったのです。

終身雇用制度が幻想になりつつあったとはいえ、安定したレールの上を走るのが当然だとみなされていた時代です。レールを踏み外してしまえば、存在価値を否定されるのにも近いところがありました。

大学まで行かせてくれた両親にも申し訳ないので、できるだけ早く、新しいレールを見つけなければなりません。

同業他社に入社するのが手っ取り早いのは言うまでもなく、実際に声をかけてくれた広告代理店も複数ありました。再就職を決められる状況にありながら、ためらっていたのです。これまでの人生でもっとも大きな挫折《ざせつ》をしたばかりだったからでした。まだやれる、という気持ちがありながらも、また同じ轍《てつ》を踏んだらどうしようかと弱気になっている部分があったのです。

そんなときに、ふと求人雑誌で見かけたのが、さわや書店の求人でした。募集しているのは外商部スタッフで、ルートセールスが主な仕事と書かれていました。それならば、前職の経験を生かせるうえに、飛び込み営業のような厳しい仕事はしないで済むのではないかと考えたのです。

本は定価販売が原則。値引き交渉に頭を悩ませる必要はないというのも自分の中では大きなポイントになりました。そのときの私にとっては望みどおりの職場であるように思われたのです。

すぐに連絡を入れて、喜び勇んで面接に臨みました。

このとき、さわや書店で募集していたのが店売スタッフだったとすれば応募を考えることはなかったはずです。アルバイトに明け暮れた大学時代でさえ、販売員を経験したことはありません。そもそも人前に出るのが苦手な私にとっては、接客はハードルが高い仕事です。外商部だからこそ応募する気になったのです。

にもかかわらず、面接してくれた赤澤会長は、私の顔を見るなり、「専門書売場の雰囲気が似合いそうだな」と言い出しました。ちょうど欠員が出たので、そちらでどうかと問われると、NOとは言えませんでした。雀の涙だった貯金が底を尽きかけていたこともあり、早く定職に就きたかったからです。

そして私はさわや書店に入社しました。

それが一九九九年のことで、配属先は本店二階の専門書売場でした。

そうです。私は、外商部に配属されることを前提に入社を希望していながら、店頭に立つ書店員になれと言われてまず戸惑い、長い時間を経たのちに外商部への異動を告げられて、再び戸惑うことになったのです。

書店の売り場には不思議がいっぱい

売り場での日々についても私の視点からあらためてまとめておきます。

書店員になりたての頃は、こそばゆいというか、とにかく落ち着かなかったものです。

それまでの仕事着はスーツだったのに、いきなりカジュアルな服装にエプロン、足元は革靴ではなくスニーカーになったのです。慣れない格好をすると、自分が自分ではないような気がして、地に足がつきませんでした。

最初のうちは、ふくらはぎの筋肉痛にも悩まされました。はじめての立ち仕事だったうえに、接客の緊張感もあって無意識に力が入っていたんだと思います。

レジ打ちなどには少しずつ慣れていったものの、書店ならではのシステムや常識を理解するのに戸惑った部分はありました。

そもそも販売を委託される書籍は誰の所有物なのか?

委託と注文と買い切り、常備と長期、それぞれの違いは何なのか?

出版社に注文を出しても、なぜ満数入荷にならないのか?

販売会社から自動的に配本されてくるのはなぜなのか?

などといったことです。

業界用語として浸透しているような言葉にしても、なんとなくのニュアンスで使っている感じで、正確な意味を体系的に教えられることはなかったのです。

常備と長期の違いなどにしても普通はわからないものです。

出版社が選書した本を一年間、書店が預かって販売する仕組みが常備寄託制度です。常備の本は〝出版社のもの〟なので、売れなければ支払いはないものの、契約期間中は返品できず、売れた本は補充発注することが義務付けられています。長期もおよそ常備と同じシステムながら、補充発注が義務付けられないといった違いがあります。そこまで理解している一般の方はなかなかいません。

また、お客さまから問い合わせを受けた書籍が取り寄せできないケースでは、理由がいくつか考えられます。「品切れ・重版未定」もその一つです。しかし、お客さまにそのまま伝えても理解をしてもらえないのではないかと悩みました。

重版という言葉を知らないお客さまだっているはずです。

簡単に解説しておくと、本というものは「これくらい売れるのではないか」という見込みにもとづいて初版部数を決めます。初版の売れ行きがよく、「もっと売れそうだな」となれば増刷して、二刷、三刷……と重ねていくことになります。その際、わずかであっても内容を変更していれば重版と呼ばれます。増刷、重版といった言葉自体は知っていても、「品切れになっている商品をなぜ増刷しないのか!? そういうビジネスがあり得るものなのか」と首をかしげる人もいることでしょう。

そういうときにどのように説明すればいいかが共有されておらず、個人個人の裁量に任されていたのでした。こうしたことも含めて戸惑う部分が少なくはなかったのです。

楽天的な空気はどこからくるのか？

社内を見渡すと、売上げに対する意識が低いように見えるスタッフがいたことも不思議でした。もちろん、日々数字に追われている店長たちはそんなことはありません。しかし店長たちの高い意識がスタッフ一人ひとりに浸透していないというか、店の空気全体を支配していないようにも感じられたのです。

天候不順や交通障害によって売上げが落ちてしまうのは「仕方がない」。天候が回復し、交通障害が復旧すれば「売上げは戻ってくる」。そういった考え方に支配されているようでした。

その根底には、本はほかの小売商品とは違って「文化度が高いから」という驕《おご》りがあったのではないでしょうか。アカデミック信仰の残滓《ざんし》が蔓延《まんえん》しているようにも感じられました。

常に危機感を抱き、日々の売上げをどうにかすることに心血を注いでいた身からすれば、こうした楽天的な空気がどこからくるのかが理解しにくかったのが実情でした。

天候不順なら天候不順なりの売り方、交通障害が起きているならそれなりの対処を考えなければいけないのではないか。

お客さまを待っているだけではなく、こちらから仕掛けてお客さまを呼び込む手段を作り出さなければいけないのではないか。

そんなふうに考えていました。

こうしたことについてはこの頃から考え続けていながら、いまだに答えにたどり着けていません。書店員である以上、これからもずっと考え続けていくことになるのだろうと思っています。

黒船来襲によって味わった敗北感

多少の疑問などはあったわけですが、さわや書店に入ってしばらくは、それまでとはくらべられないほど、おだやかな時間が流れていきました。

雑誌や文庫、一般書の売場である本店一階がさわや書店の顔ともいうべき存在感を示していたのに対し、専門書売場は階段をのぼる必要もある地味な存在でした。その分、しっかりと接客でき、じっくり棚と向き合うことができたのです。

仕事をするうえのベースとしては前職の営業経験があるにしても、書店員としての基礎はこの時期に練り上げられたと思っています。

当時の本店専門書売場は地味ながらもそれなりにニーズがあり、売上げも安定していました。フロアでの教育書フェアがある春先などは、坪数が倍ある一階の売上げを上回る日が続くことも珍しくはなかったのです。

この頃は四人でシフトを回していて、残業がなければ持ち帰る仕事もありませんでした。「荷開け」から始まる一日のルーティンが確立されていて、ストレスを感じることは少なかったのです。以前の広告代理店では、残業は当たり前で、徹夜になることも度々でした。その頃とは雲泥の差であり、この時期は私にとってはまさに平和な日々だったのです。

しかし、その平和も長くは続きませんでした。

盛岡という街そのものが変わろうとしているなかで、さわや書店の本店と同じエリアにジュンク堂書店が出店してきたからです。私たちからすればまさに黒船の来襲でした。

そもそも出版事業は「多品種少量生産」の典型です。そのため、来店されるお客さますべてのニーズに答える売り場をつくることは不可能です。限られたスペースの中で、一人でも多くのお客さまの希望を適《かな》えられる品揃えをいかに実現させられるか。効率を考えながらそれをやるのが書店員の醍醐味《だいごみ》だとも思っていました。

お客さまからすれば、欲しい本がある可能性が一〇〇パーセントに近いほど嬉《うれ》しいのは当然です。買う本が決まっていないなら選択肢は多いに越したことはないです。だからといって、書店側として世に出版されている書籍を全て仕入れていくようなことはしたくありません。さわや書店の規模ではもともと不可能なことだとはいえ、そういう姿勢で売場をつくっていくのでは書店員の存在意義がなくなるのではないかと思っていたのです。

……が、私が甘かったのでした。盛岡に上陸してきた黒船によって幻想は見事に打ち砕かれました。先方の売場は子どもたちが走り回れるような広大なスペースです。対してこちらの売場は、すれ違う際には衣服が触れ合うこともあるほどです。それだけの差を見せつけられたことで、私の理想などは現実を直視していないたわごとに過ぎないと思い知らされました。

振り返れば、前職においても、黒船に近いライバル会社が進出してきたことからいろいろな状況が変わりだしてしまったわけです。私は再び、手に負えない巨大な相手と対峙《たいじ》することになったのです。

本店の専門書売場の売上げが落ちていったなか、フェザン店に異動することになりました。フェザン店の専門書を強化するためという立派な名分はあったものの、私の心は晴れないままでした。それが二〇〇八年のことです。

あらためて振り返るフェザン店の日々

指折り数えてみるとフェザン店には約五年間在籍したことになります。

自分では「ああ、そんなものなのか……」と驚きました。体感としては十年ほど過ごしていた気もするからです。フェザン店ではそれくらい濃密な時間を過ごしたということなのだと思います。

フェザン店の朝は早かったです。

九時開店に間に合わせるため、七時過ぎから雑誌の荷開けをして陳列作業を行います。続けて書籍。私の担当は、ビジネス書や資格書、語学書です。ここまでは本店にいた頃と変わりません。さらにノンフィクションと新書が加わったので、書籍数は増えます。前日のスリップ整理や発注作業もこなしていきます。開店後は、レジ精算やお客さまの問い合わせ対応などの仕事があります。

閉店後には、長い夜が待っていました。

フェザン店はワンフロアの店舗です。出版社の営業担当者が出張で来店した際には、担当ジャンルではなくても顔を合わせ、交流が深まります。伝統的なものなのか、出版業界の交流にはアルコールが欠かせません。私自身、もともとお酒を飲むのが好きだったこともあり、懇親会に呼ばれる回数がいっきに増えました。

出版社は、営業担当として東北地方に新卒や若手を配属することが多いといえます。当時のフェザン店のスタッフも若手主体だったので、懇親会が長引くのは常でした。出版業界や書店事情などを語り合い、お互いのプライベートのことまで話が及べば、すっかり深夜です。

朝は早いので、十分な睡眠時間がとれるはずはありません。寝ぼけまなこをこすって、新たな一日が始まります。我ながらよく体力が続いたなと、いまさらながら感心させられる日々でした。本店にいるあいだに結婚していたので、生まれた子どもはまだ幼かった頃です。この時期に迷惑をかけたこともあり、妻にはいまだに頭が上がりません。

ちなみにこの頃、酒を飲みながら語り合った営業担当は、いまにつながる長い付き合いになっている人がほとんどです。年齢を重ねてお互いに立場は変わっていても、顔を合わせればあの頃に時間が戻ります。書店員としての私の財産のひとつです。

隣にいるお客さまを意識した店づくり

日常業務のかたわら、この時期には二つのテーマに取り組んでいました。

一つは、フェザン店をまちの本屋として再定義すること。もう一つはさわや書店のチェーン店機能を強化していくことです。

二〇一〇年には東北新幹線が新青森駅まで到達して全線開通になりました。そのため盛岡駅の存在感の低下が危惧《きぐ》されたものの、実際は、北東北の交通の要所としてますます重要度が高まりました。もともと盛岡駅は、岩手県内の交通の拠点になっており、通勤や通学、通院といった日々の利用者が多かった。そこに観光客や出張のサラリーマンも加わり、人の波が途切れることがなくなりました。駅ビルに入っているフェザン店の来店者数は増えていく傾向でした。

そうなると、マス勝負に出ていって、店舗の個性は二の次にしがちです。しかし、この頃にはもう、郊外のショッピングモールができていて、中心街にはジュンク堂書店も出店していました。売り場面積や蔵書点数ではどうしてもかなわないので、マス勝負でいる限りはどうしてもジリ貧になっていきます。

そうならずに生き残っていくにはどうするべきか。

そこを考えた私たちは、前章でも書いたようにマス勝負はやめて〝まちの本屋〟を目指していくことにしたわけです。

店の一等地である入口付近に郷土書のコーナーを配置しただけではありません。文字どおり地域密着型書店になっていくため、地元の高校の文化祭や企業が主催する講演会などのポスターやチラシも積極的に受け入れました。店内にはもともと新刊などのポスターが多く張られていたので、乱雑にはなってしまいます。そこには目をつぶり、「ここに来れば地元の情報に触れられる」とお客さまに感じてもらいやすい空間にすることを優先しました。ほかにも、お客さまから問い合わせがあった書籍で在庫がないものはスタッフで情報共有、必ず揃えるようにするなど、隣にいるお客さまを意識した店づくりを進めていきました。

それによって徐々に顔なじみのお客さまが増えていき、地元色の強い店舗になっていったのです。

まちの本屋を目指してやってきてよかった！

まちの本屋としての手応えを摑《つか》みかけていた二〇一一年に起きたのが東日本大震災です。両親が住んでいた釜石の実家が流されてしまうなど、身近なところでの被害もあり、大きな喪失感に襲われました。

盛岡市内でも停電やガソリン不足などが続いていました。我が家には幼稚園入園前の長女と生後半年の次女がいたこともあり、身動きがとれない状況でした。

被災地に行って何かをしたいのにできない。

この時期のことを振り返ると、いまだに負い目しか感じられない自分がいます。

個人では何もできなくても、さわや書店として力になれることはないかとも考えるようになりました。

営業を再開したさわや書店釜石店にお客さまが殺到し、品不足で困っている、という連絡を受けたのはその頃でした。

フェザン店は、ビルの点検と修復のため長期間休業していたので、フェザン店の在庫を営業車に積み込んで、釜石店に届けるようになりました。

本を並べていくそばからお客さまが手に取っていく様子を見て、悩んでいたこちらがかえって励まされたものです。

フェザン店では、店の公式ツイッターを活用して、官公庁や地元マスコミの流す震災関連情報を積極的に拾い上げ、拡散を続けました。それに反応したお客さまからも続々と情報が寄せられ、一種のコミュニティに発展していきました。

フェザン店が営業を再開できた日のことも忘れられません。

いたるところでお客さま同士が再会を喜び合い、情報交換の輪ができていたのです。挨《あい》拶《さつ》がてら元気な顔を見せてくれた顔なじみのお客さまも多かったです。営業再開したフェザン店にとにかく足を運んでみようという地域のお客さまであふれていたのです。そこには、「まちの本屋を目指してやってきてよかった！」と実感される光景が広がっていました。

いまこそ被災地に想いを！

フェザン店の営業再開後も折を見て釜石店には足を運んでいました。釜石へ行き、盛岡に戻ってくるたび、いろいろなことを考えました。

沿岸部の町とはくらべられないくらい盛岡には日常が取り戻されつつありました。そのためか、なおも厳しい状況にある被災地の様子が伝わりにくくなっているように思えてならなかったのです。

店頭には、ノンフィクションを中心とした震災関連書籍が並び始めていた頃です。

まちの本屋として、関連書籍のコーナーをつくるだけでいいのだろうかと悩みました。

そのうえでたどり着いた答えが、被災地に足を運んで本などをまとめた作家などを招いて、リアルな様子を語ってもらう機会をつくることだったのです。そうすれば盛岡や内陸のお客さまにも被災地の現状がより具体的に伝わるに違いないと考えました。

それからフェザン店にとって最大の挑戦が始まりました。

連続講演会「いまこそ被災地に想《おも》いを！」の開催です。

会場は駅ビルフェザン本館の催事場を借りることにして、フェザン営業部との日程調整を含めた交渉を始めました。一回限りで終わらせたくはなかったので、連続五回の開催を目指し、取り上げる被災地のバランスなどを考えながら講演者を選びました。出版社に協力してもらう必要があったので、上京しての打ち合わせも行いました。そうして二〇一二年の五月から六月にかけての開催に漕《こ》ぎつけたのです。

五月七日が『遺体―震災、津波の果てに』（新潮社）を書かれた石井《いしい》光太《こうた》さんのトークイベント。五月十九日が『ナインデイズ　岩手県災害対策本部の闘い』（幻冬舎）の河原《かわはら》れんさんの講演会とサイン会。同じ日の第二部として『さかな記者が見た大震災　石巻讃歌』（講談社）の高成田亨《たかなりたとおる》さんと『みちのく麺食い記者　宮沢賢一郎』（双葉文庫）の相場《あいば》英雄《ひでお》さんの対談。五月二十六日は釜石市のフリーペーパー『Re-born』と宮古《みやこ》市のタウン誌『月刊みやこわが町』の編集スタッフ、『復興の狼煙《のろし》』ポスタープロジェクトのスタッフによるディスカッション。六月二日は『被災地の本当の話をしよう　陸前高田市長が綴るあの日とこれから』（ワニブックス〔PLUS〕新書）の戸羽太《とばふとし》陸前高田《りくぜんたかた》市長と『人を助けるすんごい仕組み　ボランティア経験のない僕が、日本最大級の支援組織をどうつくったか』（ダイヤモンド社）の西條剛央《さいじょうたけお》さんの対談というラインナップでした。

どの日も盛り上がりました。

会場の催事場は、ビル内の吹き抜けになっており、二階のバルコニーからも見下ろすこともできます。大トリになった戸羽市長と西條氏との対談では、立ち見も出ました。一階はもちろん、二階のバルコニーも多くの観客で埋め尽くされたのです。いまでもその光景は昨日のことのように思い出されます。

私たちが目指すまちの本屋のかたちがここにあったのだとも思っています。規模の問題ではなく、地域の人たちの想いがここに集まっていたからです。

まちの本屋だからこそのイベント

書店は利幅の少ない業種です。全国どこでも同じ価格で同じ書籍を購入できるので、個別の書店の広告はあまり意味を成しません。最小限のスタッフでシフトを組んでいる店が多いので、日常業務で手いっぱいになる書店が多いのが実情です。

必然的に、広告やイベントにかける費用や人員は削られがちで、優先順位は低くなります。全国的に見ても、自分たちで広告を打ち、イベントを仕掛けることができる書店はそんなに多くはないはずです。さわや書店もそうでした。

児童書専門店モモの店舗を構えていた時期に、別会場を借りてマンガ一色のイベントを開催したことはありました。しかしそのイベントはあくまでイレギュラーなもので、ノウハウが引き継がれることもなかったのです。通常は、出版社が持ち込んでくる作家の講演会やサイン会、販売会社主導の児童書フェスといったイベントを開催するのが精いっぱいでした。それも数年に一度くらいのスパンです。

そんな中にあり、大規模な連続講演会を開催できたのです。みずからイベントを企画して運営できたことは大きな自信になりました。

各種交渉やスケジュールの調整、宣伝活動と当日の進行など、このときに得られたノウハウやパイプはその後に生かされています。

「いまこそ被災地に想いを!」の開催後には、さわや書店主導のイベントを増やしていきました。それと並行して私は、ほかの企業や団体が開催する講演会や勉強会のコーディネートを行うようにもなったのです。

自分自身、イベントに関わることが多くなって気がつきました。

イベントには、ゲストを身近な存在に感じさせてくれるだけでなく、主催者側とお客さまとの距離を縮める効果もあるのです。

いまやさわや書店にとって欠かせないピースになっているイベントは、まちの本屋であるための大切な要素になっています。

商品管理部が生み出したスケールメリット

もう一つのテーマである〝チェーン店機能の強化〟も、私がフェザン店勤務だった頃に始めたものです。

当時のさわや書店では、本店、支店を問わずに統一感をもたせて店舗運営をまとめていくオペレーションシステムが取り入れられていませんでした。

それぞれの店舗の店長やスタッフの裁量に任せておく部分が大きかったので、店ごとの個性は出せていました。その一方、チェーン店である強みをつくりだすことができずにいたのです。チェーン展開している書店であれば、通常、新刊書や話題の書籍は一括確保して各店舗に振り分けるようなやり方ができます。どこかの店舗で好調な売上げを示している本があれば、ほかの店舗でもその本を売り出すように働きかけて、必要な分を補充していきます。そういう〝本部機能〟を働かすことができていなかったのです。

フェザン店で仕掛けた企画が大きな話題を呼んだとしても、ほかの支店には情報が伝わっていないことも多々ありました。もちろん、その企画で取り上げられている書籍を置いてはいません。

お客さまからすれば、フェザン店もほかの支店も同じさわや書店です。「なぜこの支店には置いていないのか？」と不満がたまってしまいます。

そうした状況を打破するため、さわや書店全体としての仕入れ窓口部門を設立しました。のちの「商品管理部」です。フェザン店、本店、上盛岡店（閉店）の各店長と役割分担しながら運営していき、とりまとめ役は私が請け負うことになりました。

また、文芸書や文庫の週間売上げなどを参考にしながら各支店の平台の状況をつぶさに確認するようにもしていきました。売れ筋の書籍であるにもかかわらず在庫がない支店があれば、フェザン店や本店から補充分を移動し、穴を埋めるようにしたのです。フェザン店の仕掛けで好評なものがあれば、支店でも同様の展開をするようにもしました。

このようにチェーン店機能を見直したメリットは大きかったといえます。

出版社の大型企画や話題書の指定配本の依頼を確実に増やすことができたからです。

それまでは各店ごとに案内があっても、申し込み冊数が少ない支店の希望は通らないこともありました。しかし、チェーン店全体でまとめれば数が多くなるので、認識のされ方が違ってきました。一店一店は大規模店舗ではなくても、多店舗展開しているスケールメリットを生み出すことができたのです。

仙北店店長も兼任していた

この時期の私はフェザン店次長という立場にあったほか、仙北《せんぼく》店の店長も兼任していました。盛岡駅から東南に四キロほど下った旧幹線道路沿いに立地していた約八十坪の店舗でした。残念ながら現在は進学塾と整骨院に姿を変えています。

言い訳するつもりはありませんが、私が店長になった時点ですでに利益を上げるのが厳しくなっていたのです。

周囲は住宅街で、日中の人通りが多いわけでもありません。同じ敷地にコンビニがあり、雑誌の販売という点で競合していました。しかも郊外店の位置付けでありながら駐車場は広くありません。客層のターゲットの設定が難しい店舗でした。そのうえ、二〇〇六年には盛岡南サティ（現イオンモール盛岡南）ができ、二〇一三年にはＭＯＲＩＯＫＡ　ＴＳＵＴＡＹＡがオープンしました。仙北店からこの二つの商業施設のエリアに向かうには、車で五分とかかりません。これらの施設と勝負しようにも最初から相手にならなかったというのが現実でした。

この時期の私は、売上げとにらめっこしながら人件費や光熱費といった経費に頭を悩ませ続けていました。今となってはそのことも勉強になったと思っています。

慌ただしくはありながらも充実した毎日でした。

しかし、フェザン店を中心とした奮闘の日々は唐突に幕を閉じることになったのです。

十三年越しの外商部

二〇一二年秋、私は再び本店にいました。

このときの所属先は二階の専門書フロアではなく、ビル五階の事務所内に拠点がある外商部です。

前述したように、自分で望んだ異動ではなくても決まった以上は仕方がありません。それがサラリーマンというものです。

見渡せば外商部スタッフには、それぞれデスクがあてがわれていました。店裏の駐車場には営業車もあります。働く環境は、まるで前職に戻ったかのようでした。

さわや書店に入社して、気がつけば十三年が経っていました。

前職のハードな日々に疲れ果てていた私は、外商部に配属されることを前提にさわや書店の門を叩《たた》いていたわけです。それなのに、ほかの部署を回ることになり、これだけの時間が経っていました。そのうえでの外商部異動です。フリダシに戻されたというのとは少し違うにしても、人生は面白いものだと思います。

異動を告げられたときは愕然《がくぜん》としたものの、以前にやっていた営業職に戻るにあたっては、自分なりの勝算はありました。

前職で培った営業のノウハウと、長年の販売員生活で養った本の知識を総動員すれば、売上げを伸ばすことができるのではないかと考えていたからです。

そのためには前任者からの引き継ぎも大切になります。どのエリアを回り、どのような顧客を抱えていたのか？　まずはその分析から始めて、ゆくゆくはターゲットを広げていけば……。

などと、やる気になっていた私の思いはすぐに打ち砕かれることになりました。なぜなら、そもそも引き継がれるべき顧客がいなかったからです。

外商部のお仕事

外商部の職務内容は大きく分けて二つあります。

一つめは、求人広告にもあったルートセールスです。盛岡市内を中心とした官公庁や公共図書館、専門学校、そしてＪＲや地銀、大手企業から個人経営の飲食店や美容院まで、幅広く雑誌や書籍を届けて回ります。この業務は私以外のスタッフがおもに担っており、新規開拓より注文配達の割合が多くなっています。

二つめは教科書関連業務です。県内の教科書指定書店には、担当エリアが割り振られています。さわや書店の受け持ち校は、盛岡市の北隣にある滝沢《たきざわ》市内の小中学校と、盛岡市内の高校三校でした。

教科書は基本的に、小中学校は無償配布で、高校は有償販売になります。小中学校に関しては、冬の訪れとともに続々入荷してくる教科書を仕分けして、春が訪れる前に各校に届けて回ります。力作業の側面が大きいといえます。

高校は違います。学年ごとの授業プログラムの確認から始まり、定価表の作成、付随して使用するテキストの確認、新入生向けの電子辞書の確保など、作業は多岐にわたります。各高校の教科書担当教諭だけではなく、教科書の卸会社とのやり取りも欠かせず、事務作業が占める割合が多くなっています。作業にはかなりの時間を要することになります。

この業務が私の担当になりました。

そのほかに、支店回りがあります。いまでこそ店舗数は減ってしまったものの、以前のさわや書店は、盛岡近郊だけで本店を含めて六店舗を展開していました。支店間で客注品や不足分の書籍を融通し合います。その作業をしながら書類や備品などを届けていくことも外商部の役割になるのです。

このように書いていくと、かなりの仕事量のようですが、異動直後の悩みは逆でした。

仕事がなくて困ったのです。

教科書関連作業は新年度が始まる春先がピークです。その時期は猫の手も借りたい状態で、マルチタスクに取り組む余裕はありません。それでも、準備や後片付けを含めて、だいたい四か月ほどのことです。

夏には稲、冬には麦を栽培する二毛作のように、その期間を除いて取り組める仕事を見つけるのが難しかったのです。

教科書関連業務以外にハードな仕事を見つけたとしても、冬から春にかけては手が回らなくなってしまいます。そういう構造的な難しさがあったのです。このことには前任者も悩んでいたようです。教科書作業以外に引き継ぎらしい引き継ぎがなかったのはそのためでもありました。

「ひとり本部」誕生

外商部に異動後の私はまず、フェザン店在籍時に取り組みだしたチェーン店機能の強化をさらに進めることにしました。各店の店長と分担していた仕入れ窓口を、すべて私に一元化したのです。さわや書店商品管理部が「ひとり本部」と呼ばれるようにもなった所以《ゆえん》です。

ひとり本部になると、新刊指定やフェアの申し込み、報奨金のとりまとめなど、各出版社とのやり取りはさらに増えました。

指定配本をつけるにしても、その著者の既刊本の販売数を調べなければならず、商品によっては各支店に確認をとる必要も出てきます。思った以上の労力が必要とされ、一人では対応しきれない場面も増えてきました。出版社に迷惑をかけている部分もあり、いかに効率良く進めていくかは現在もなお課題になっています。

そんなひとり本部にしても、やっていることはあくまで内部組織改革です。

支店回りにしても、売上げを生み出すものでもありません。

そのため外商部の一員として「教科書以外の売上げを立てろ！」という無言の圧力を感じるようにもなりました。周囲の目が気になり、デスクに座っているのが苦痛なほどにもなってきたのです。

ルートセールスを担当している同僚の顧客を奪い取るわけにはいかないので、新規開拓していくしかありません。

前職の広告代理店でも飛び込み営業はしていたとはいえ、勝手が違います。

求人広告営業の場合、シグナルを出している企業に営業をかけ、出稿依頼をするのが基本になります。利幅も大きいので、飛び込みや電話で営業攻勢をかけてそのうちのひとつでもモノになれば、大きな成果となりました。

雑誌や書籍に関する営業はそうはいきません。お客さまのほうから配達希望のリクエストがくることはきわめて稀《まれ》です。こちらからアプローチをかけるにしても、シグナルを出している企業を見つけることは難しいのです。エリア別、業種別にローラー作戦を仕掛ける手もなくはありません。しかし、得られる成果を考えれば効率が悪すぎます。

全集や図鑑といった企画ものの商品を売る場合であれば、ターゲットも絞れるうえに、リターンも大きくなります。ただ、それにしても、かなりのエネルギーを要するうえ、継続して、うまみのある商品が生まれてくるものではありません。

活路が見出《みいだ》せず、悩みが深くなるばかりでした。

しかし、結果として、フェザン店にいた頃に始めていたことに活路を見出すことになるのです。

それがイベントでした。

外商部で「まちの本屋」を体現

この頃、本格的に震災復興が動き出しており、関連する講演会やシンポジウム、イベントが次々に開催されていました。そうしたイベントをつぶさにチェックして、「関連する書籍を販売させてほしい」と主催者にお願いするようにしたのです。

なかには断られることもありましたが、多くは出張販売を受け入れてくれました。その際には、比較的安定した数字を出せました。それがこの時期の私の売上げを支えてくれたのです。

加えて、イベントのコーディネートも増やしていきました。

こうした出張販売で大切なのは、会場に集まったお客さまの記憶の片隅に「さわや書店」という店名を残してもらうことです。これ以上の営業はないとも思います。

会場に集まるお客さまは、必ず書籍販売ブースの前を通ります。そのなかには次に立場を入れ替えて、イベントを主催することになる方もいました。そういった際に声をかけてもらえるケースも増えたのです。

この時期からは、販売が伴わなくてもさまざまな会合や集まりに顔を出すようにもしました。声をかけてもらえれば宴席にも飛んでいきました。

盛岡は「読書のまち＝本のまち」です。その一方で、いまだに映画館通りという名が残っているように「映画のまち」でもあります。さらにいえば、盛岡市民演劇賞が制定されている「演劇のまち」でもあります。盛岡城址《じょうし》を中心とした景観にも気が配られ、まちづくり全般に対しても関心が高いといえます。文化や生活に関する市民活動が盛んで、こうした動きは震災後さらに活発化していきました。

どうすればこれらの動きに関わっていくことができるのか。

何かしら手伝えることはないかを考えながら各種会合に足を運ぶようにしたのです。

このことはいまも続けています。

会合や集まりで名刺交換を重ねていれば、さまざまなつながりが生まれます。

街なかでバッタリと出会うとつい話し込んでしまう知人が多くなり、その人たちから本の注文をいただくことも増えました。

フェザン店では、まちの本屋を目指しながら、道半ばで現場を離れることになりました。しかし外商部に籍を置くようになってから、店頭からの発信とはまた違ったかたちで、まちの本屋を体現することに近づけているのだと実感しています。

子どもの頃、町には「店」があった

自分の中でさわや書店をまちの書店にしたいという気持ちが強いことは、子どもの頃の記憶につながっている気もします。

私の故郷である釜石市には、子どもの頃、コンビニがありませんでした。スーパーも数えるくらいで、個人商店がまだ元気でした。

私が育ったのはとくに商売をしている家が多かった地域でした。みんなで遊ぶときには、名前でなく「〇〇屋」などと店名で呼び合っていたくらいだったのです。

地域で唯一あった書店で『少年ジャンプ』を買い、何かがあれば近所の中華料理店からラーメンや餃子《ギョーザ》を出前してもらい、家族で食卓を囲んだものでした。

ただ、そうした時間は永遠に続くものではありません。

やがて転校していく友達も出てきてしまいました。時代の流れの中で、それぞれの商売は厳しくなっていったのだと思います。いまでも続いているお店はごくわずかになっているのが現実です。それでもあの頃は間違いなく、地域で経済が回っていました。ノスタルジーの部分があるにしても、あのような経済こそが地域にとっては健全なものではないかと思っています。

本を取り巻く環境は、今後も厳しさを増していくのでしょう。その中にあっては盛岡市内の書店も淘汰《とうた》されていく可能性はやはり高い。

それでもいまは、まず生き残っていくことを最優先に考えていきたいと思っています。そのうえで地域経済の輪の中に書店代表として加わり、〝まちの本屋〟として貢献していきたいと願っています。

そのためにも、本といえば、さわや書店と誰もがイメージするくらいまで店名を浸透させていかなければなりません。そこにつなげていくため、新たにできることを模索しながら、今日も私は営業車のハンドルを握っています。

外商書店員として走り続けるしかないのです。

第3章

地域経済の輪のなかで

ヒートアップした地方消滅論争

外商部に配属されてからの私は、自分で新たな仕事をつくりだしていきました。「ひとり本部」と呼ばれる商品管理部の仕事を行うようになったほか、そういう役職はないものの、事実上の「イベント担当」にもなりました。

前章で紹介した「いまこそ被災地に想《おも》いを！」は活動の原点です。そこで自信がつき、その後も自分たちで講演会などを主催するようになりました。

仕掛けの規模が大きかったものとしては、二〇一四年から起きた〝地方消滅論争〟を取り上げたイベントが挙げられます。

増田寛也さんが出した『地方消滅――東京一極集中が招く人口急減』が話題になると、東京都立大学の山下祐介《やましたゆうすけ》教授は『地方消滅の罠――「増田レポート」と人口減少社会の正体』（ちくま新書）という本を上梓《じようし》されました。論争の図式が生まれたことを興味深く感じた私たちは、山下さんの講演会を開くことを考えました。

より充実した講演会にするために、山下さんだけではなく、宮城県出身で舌鋒《ぜつぽう》鋭い社会学者の宮台真司《みやだいしんじ》さんもお招きし、岩手大学の五味壮平《ごみそうへい》教授にコーディネーターをお願いしました。山下さんと宮台さんのそれぞれの講演会と、全員参加のシンポジウムを行うことにしたのです。

「地方消滅騒動における選択と集中とは」というイベントタイトルをつけました。

二〇一五年二月の開催で、このときは大通会館リリオにあるイベントホールを借りています。告知してすぐに二百名の定員が埋まり、立見席も用意しました。さらに別のフロアにディスプレイを設置して、そこで見てもらう人も出たほどです。最終的には三百人を超える来場者となりました。

『地方消滅』も『地方消滅の罠』も、この講演会開催以前から売れていましたが、講演会当日と講演会後にも売れ、累計では千五百冊を超える売上げになったのです。

企業や公共団体の講演会も手伝う！

自分たちで講演会を開催するようになると、外部の主催者側から「講演会を開きたいのですが、講師に心当たりはありませんか？」、「この人とつながりはありませんか？」と相談を受けるケースも増えていきました。

公共図書館もその一つです。二〇二二年は県立図書館の「創立一〇〇周年」に当たるということで、記念トークショーを開催。このときは映画化もされた『孤狼《ころう》の血』（角川文庫）、直木賞候補作『ミカエルの鼓動』（文藝春秋）など数々のヒット作を生み出した岩手県出身の作家、柚月裕子《ゆづきゆうこ》さんを迎えることができました。

創立一〇〇周年という大きな節目のイベントで、二年前から打ち合わせを重ねてきました。収束の見通しが立たないコロナ禍のもと、スケジュールの設定など難しい面もありましたが、なんとか開催できて本当にほっとしたという思い出です。当日は、サイン会を兼ねた著書販売会も行い、盛況のうちに終えることができました。

同じく二〇二二年には盛岡のすぐ北にある滝沢市にある市立湖山《こやま》図書館の開館五周年イベントとして、盛岡出身の作家、五十嵐律人《いがらしりつと》さんの講演会も開催しました。

各種講演会の開催に合わせ、主催者側から講師の著書の販売を依頼されることも増えていきました。

これまでの例でいえば教育者の藤原和博《ふじはらかずひろ》さん、『翼、ふたたび』（PHP文芸文庫）の著者で数多くの経済小説を発表している江《え》上《がみ》剛《ごう》さんなどが講演されたときには販売数はずいぶん伸びました。

これらの販売でのメリットは会場にいらしたお客さまとの接点が増えることはもちろん、主催者側や講師とのパイプも作れることです。また、会場になることが多い公的機関の施設の担当者にも顔を覚えていただき、何かの際に声をかけてもらうことも多くなったのでした。

作家のプロモーション活動もサポート

講師となる先生にはどのようなルートで依頼をすればいいのか、講演料はどのくらいの額になるものなのか……。講演会などのコーディネートを依頼されるのは、主催者側に経験が少なく、わからないことが多いからだと思います。

講演料の相場というものはあっても、企画次第ということもあります。著名な作家の方に依頼すれば、かなりの額になるとも聞きますが、公共性の高いイベントであってもその趣旨を理解してもらえれば、ご協力いただけるケースも少なくないものです。

もちろん、だからといって、善意に甘えてばかりではいられません。

私が依頼して講演をやっていただく場合には、県庁の記者クラブを通して地元メディアの各社に対して「講演でこの先生が来られるので取材をしませんか?」と積極的に働きかけています。私自身が動いて、実際に声をかけているのです。新聞記事になれば書籍の増売につながるかもしれないからという思いでやっているわけですが、こうしたことで「講演をするだけではない何か」が生み出せるのではないかと心がけています。

こうしたことを続けてきたことで、講演をやっていただいた作家の方とお付き合いが生まれ、その後、その方が別の機会で盛岡方面に来られたときに新刊著作のプロモーションのお手伝いをするようにもなりました。実際に、ラジオ番組への出演や新聞社の取材をこちらで手配したというケースも生まれたのです。

さらには出版社の宣伝担当者の方から、プロモーション活動の日程を組む際に「この日のこの時間帯の予定が空くので何か入れられませんか?」と相談されて、取材を二件入れた例もありました。

こうしたプロモーションの結果として対象の本が売れたとしても、さわや書店だけで売れるわけではありません。波及効果は県内全域の書店になります。もちろん、増売効果をさわや書店だけで独り占めしたいのが本音ではありますが、ここではあまり欲張らず、将来につながればいいという考え方をしています。

好評だった「盛岡雑草フェスタ」

講演会とは色合いが違うイベントも手がけてきました。

強く印象に残っているのが「盛岡雑草フェスタ」です。さわや書店で企画したはじめてのワークショップです。

『地方消滅の罠』の出版記念講演会で、三百人規模の大きなイベントも手掛けたのに対し、「盛岡雑草フェスタ」は参加者が三十人ほどと規模そのものは小さいものでした。しかし、イベントを終えた際の充実感は非常に大きかったのです。肩に力を入れずにイベントを運営でき、参加者の皆さんにも一様に満足してもらえたという手応《てごた》えを感じることができたのです。

田口さんが仕掛けた郷土書のコーナーでは森昭彦さんの『身近な雑草のふしぎ』がかなり売れたということはすでに書きました。イラストや写真も多用したこの新書はもとから人気の高いものでしたが、全国でもっとも多く売っていたのがさわや書店フェザン店だったのです。著者の森さんは盛岡にゆかりのある人でもなかったのですが、この現象に興味をもたれて、盛岡を訪れることを決められました。

それに合わせて何かのイベントをやりたいと考えたのです。

このとき私が協力を求めたのが、「フキデチョウ文庫」代表の沼田雅充《ぬまたまさみつ》さんでした。

フキデチョウ文庫というのは、盛岡市内の中ノ橋通《なかのはしどおり》で沼田さんが運営しているデイサービスです。立地している一帯は屋根葺《ふ》き職人が集まっていた界隈で、昔は「葺手町《ふきでちょう》」と呼ばれていました。施設名はここから採られています。デイサービスの名称が「文庫」というのも違和感があるかもしれませんが、このフキデチョウ文庫、二階がデイサービスの施設でありながら一階が図書館になっているのです。デイサービスに通う高齢者だけでなく、サークル活動を行う人たちや一般のビジネスマン、近所の小中学生など、年代を問わずさまざまな人が利用しています。

このフキデチョウ文庫を拠点とし、近所の中津川《なかつがわ》添いを散策するワークショップが「盛岡雑草フェスタ」だったのです。もとからの参加希望者だけでなく、当日、たまたま施設に来ていた常連さんなども飛び入りで参加。そのおかげもあって、思いのほか、にぎやかなものになりました。

午前中に森さんの指導を受けながら川原で雑草を摘み、それをフキデチョウ文庫のキッチンで天ぷらや汁物にして昼食にしました。食後には雑草に関する講演をしていただきました。この頃には森さんと参加者とのあいだの距離も縮まっていたので、なごやかな雰囲気のものになったものです。

森さんの著書も当然、販売しました。このときには『うまい雑草、ヤバイ野草――日本人が食べてきた薬草・山菜・猛毒草 魅惑的な植物の見分け方から調理法まで』、『誰かに話したくなる雑草のふしぎ』（ともにサイエンス・アイ新書）という続編が出ていたので、それらも並べました。すでに購入していた参加者も多かったのに、目の前にいる森さんにサインをもらうため、ほとんどの方があらためてご購入されていました。

参加者とともにつくり上げていくイベントもあることを体感した一日でした。

とにかく評判のいい楽しいワークショップになったので、二年後にも「帰ってきた盛岡雑草フェスタ」を開催したほどです。

〝未来の顧客〟子どもたちにも本を！

少しでも読書人口を増やすため、「地域に種を蒔《ま》く」ことも意識しています。

その点では未来を担う子どもたちや若年層は特に重要です。その意味でもやってよかったイベントのひとつが「絵本ＹＯＭＩ―１グランプリ」でした。

地元の放送局、ＩＢＣ岩手放送の元アナウンサー有志が独立して始めた「ＫＯＴＯＳＥ（ことせ）」という音読教室があります。この教室主催による絵本の読み聞かせ大会が「絵本ＹＯＭＩ―１グランプリ」です。第一回が二〇一三年十月、盛岡市アイーナホールという会場で行われました。来場者は五百人を超える大規模なイベントでした。

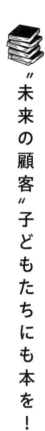

このときも、さわや書店にも協力が呼びかけられました。会場における絵本や児童書の販売を一手に引き受けたほか、集まっていただいたお客さまに渡すノベルティの確保、着ぐるみの手配などを行うことになったのです。

もちろん、着ぐるみの手配などはそれまでやったことはありません。この着ぐるみは、児童書のキャラクターのものだったので、出版社に連絡することからツテをたどって用意しました。

絵本や児童書の販売会のために三十社ほどの児童出版社に声をかけ、商品を出荷してもらいました。返品条件なども事前相談にて決めたうえでのことです。

このときの売り場は、大型書店の児童書売り場に引けを取らないほど大規模なものになりました。ベビーカーを押したお母さんや小学生を連れたご夫婦など、多くのお客さまでにぎわいました。

そのお客さまから児童書専門店モモの閉店を惜しむ声が聞かれたことも忘れられません。このイベントは助成金を使ってのものだったので、事前の取り決めどおり三年の開催で終了しました。会場の売り場に押し寄せた子どもたちの姿を思い出すたび、今度は自分たちで開催したいという思いがふくらみます。

けれど、この絵本YOMI―1グランプリを手伝ったことが次へとつながりました。

地元局、IBC岩手放送のラジオ番組への協力です。

出産のために仕事を離れていたという女性アナウンサーが復帰後に「新米ママの井戸端会議」という番組を始めるということになり、そのなかで絵本の読み聞かせをするので手伝ってほしいというご依頼でした。

出版社と交渉しながら、番組で使う絵本の選書をしています。同じ絵本を店舗でも紹介しながら販売しているので、多少なりとも売上げにつながられていると思います。

将来の本好きを増やしたい

二〇一八年から始めたのが「読書感想文を書こう」という講座です。

読売新聞社の盛岡支局と、さわや書店との共催で始めたものです。

「文章のプロである新聞記者と、本のプロである書店員から読書感想文を書くコツを楽しく学びましょう」を謳《うた》い文句に夏休みと冬休みに開催しました。

プログラムの前半で、読売新聞の記者が読書感想文を書くポイントをわかりやすく教え、参加者（盛岡市内と近隣の市町村の四年生以上の小学生と保護者）に短い感想文を書いてもらいます。

プログラム後半には、さわや書店が会場で陳列しているお薦めの本の解説と販売を行います。そのあいだに盛岡支局員総出で提出されたばかりの感想文を添削して、全員の感想文に対する講評とアドバイスを行いました。

コロナ禍の感染拡大もあって、二〇二〇年の開催後は中断していますが、それまでは開催を重ねるたびに参加希望者が増えていきました。告知後すぐに定員が埋まるほどの人気イベントになっていたのです。

若い人たちにも読書の楽しみを知ってほしい

新聞でいえば、「岩手日報」という県内紙で「読書の羅針盤」というコーナーで本を紹介させてもらっています。岩手日報では週一回、若者向けのページをつくっているのですが、その中の一つです。

読書感想文講座では子どもたち、そしてこの連載では若い人たちに読書の楽しみを知ってもらい、一人でも本好き、読書好きを増やしたいという思いでいます。

「読書の羅針盤」の第一回（二〇二一年四月）では、物江潤《ものえじゅん》さんの『空気が支配する国』（新潮新書）を紹介しました。コロナ禍を通じて、日本社会に大きな影響を与えているのが空気ではないかという視点から書かれたもので、若い人たちにもぜひ読んでもらいたいと思った一冊です。

その後は小説とノンフィクションを交互に選んで紹介していて、地元の作家も積極的に取り上げるようにしています。

このコーナーには私のプロフィールも載るので、さわや書店の宣伝になる部分は多少はあるかと思います。しかし、このコーナーで紹介した本がさわや書店で買われるとは限りません。ここでもやはり欲を出さないようにしています。

岩手日報は地元でよく読まれている新聞なので、訪問先で「記事を見ましたよ」と声をかけられることも多く、そのたびにとても嬉《うれ》しく感じています。

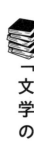

「文学の国いわて」プロジェクト

文学に馴染《なじ》んでもらうことを目的としたプロジェクトとしては「文学の国いわて」もあります。岩手県ゆかりの作家の活躍が目立つ昨今、さらに県民が文学に対する関心を高め、創作活動をより活発にできる機会をつくり出すという目的で、「もっと文学作品を読んだり書いたりしてもらおう」ということで二〇一八年に岩手県が始めた企画です。

二〇一九年の第二回開催から二〇二二年の第五回開催まで、テレビ岩手と地元の広告代理店の東広社《とうこうしゃ》、そしてさわや書店が運営を担当しています。

一般県民向けの講演会と、高校生向けのワークショップで構成されており、その様子は小冊子にもまとめられています。

私は、それぞれの講師をしていただく作家の方をコーディネートするほか、講演会の際にはその講師の著書を会場で販売しています。第二回開催での『影裏《えいり》』（文春文庫）で芥川《あくたがわ》賞を受賞している沼田真佑《ぬまたしんすけ》さん（北海道生まれ、当時は盛岡市在住）とその『影裏』の映画化の際にメガホンを取った大友啓史《おおともけいし》監督（盛岡市出身）との対談の際は、私も登壇して聞き手役を務めさせていただきました。

このときは、テレビ岩手の番組に私が出演して、イベントの紹介もしました。

こうしたテレビ出演やラジオ出演が少しずつ増えるようになり、前述のＩＢＣラジオだけでなく、エフエム岩手では定期的に本を紹介させてもらうようにもなりました。書店員がラジオ出演をするというのは伊藤清彦さんがやられていたことで、田口さんや松本さんが引き継いでいました。恥ずかしながら私もそういうことを担当するようになったのです。

さまざまなかたちで「ＰＯＰ講座」も開催

「ＰＯＰの書き方講座」も比較的、依頼が多いものです。

地元のイベント会社の主催で「さわや書店発　ＰＯＰ教室」を開いただけでなく、東日本大震災被災地支援チームである一般社団法人ＳＡＶＥ　ＩＷＡＴＥに声をかけてもらう形で「手書きＰＯＰ作成講座」も行いました。さわや書店といえばＰＯＰというイメージが強いために、こうした講座を企画してもらえているのだと思います。

講座では、本を宣伝するためのＰＯＰを作ってもらうのではなく、参加企業の自社製品を宣伝していくうえでのヒントを摑《つか》んでもらうこともテーマにしました。さわや書店の売上げに直接つながるテーマ設定ではないものの、地元のためになることです。参加してくれる皆さんとのつながりもできるので、こうした企画は大切にしています。

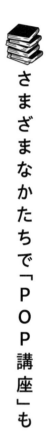

雫石《しずくいし》町地域おこし協力隊の主催では「さわや書店直伝！『まちライブラリー』の本に飾るＰＯＰを作成しよう」という講座も実施しました。

まちライブラリーは寄贈された本を貸し出す簡易図書館です。その存在を町民に広める目的でもあり、やはり直接、さわや書店の利益になるものではない企画です。それでも、参加してくれた人たちに本と親しんでもらう機会として、意義があるものと考えています。

社会保険労務士事務所で簡易販売会を開催

地域の法人に寄り添った活動もしています。

たとえば、盛岡市のすぐ南にある矢巾《やはば》町には、お付き合いが長くなった社会保険労務士法人ワイズコンサルタンツがあります。この法人は、社会保険労務士の業務だけでなく中小企業診断士の業務も行うハイブリット型であるのが特徴です。

山本正人所長夫妻は、二人とも学生時代に東京の書店でアルバイトをしていたほどの本好き。十名ほどのスタッフが在籍していますが、仕事柄、人生の先輩となる経営者とやり取りすることも多いため、日頃からできるだけ本を読んでおいたほうがいいというのが代表ご夫婦のお考えです。

ご希望に応じる形で、月に一回、新刊を中心にビジネス書など四十冊ほどをセレクトして事務所に持っていくようになりました。

応接室のテーブルに本を並べ、スタッフの皆さんには手に取ってもらい、読みたい本があれば購入してもらいます。購入費用は事務所負担のため、皆さん、だいたい一冊ずつは選んでもらえます。こちらとしては安定した冊数を販売できるということになります。

特定の話題書を除けば地方都市ではビジネス書はなかなか売れにくくなっている現状では、打開策としてひとつの方向性を示せているのではないかと思います。

私のセレクトや事務所の経費とは関係なく、小説やコミックなど、その場で注文してもらえる場合もあります。読みたい本があれば、事務所の行き帰りに大型書店などに寄れば済むところ、こうした縁を大切にしていただいているのだと思います。

経営力パワーアップセミナー

この事務所では月に一度、スタッフそれぞれが読んだ本の報告会を行い、それを社内報にも掲載しています。それくらい読書の習慣化を大切にしています。

この試みを続けたことでスタッフみんながビジネス書に馴染みをもつようになってくると、次のステップへと進みました。

「経営力パワーアップセミナー」の開催です。

地方の事務所としては大胆な企画といえるかもしれません。年に一度、ビジネス書作家の方などを講師として招いてのセミナーを行うようになったのです。事務所スタッフだけが受講するわけではなく、お付き合いのある会社の関係者が無料招待されています。

手作り感満載のセミナーで、参加者にも大好評、回を重ねるごとに参加者も増えていきました。

このセミナーの講師コーディネートも私がお手伝いしています。二〇一七年の第一回はメールマガジン「ビジネスブックマラソン」の編集長であり、『土井《どい》英司《えいじ》の「超」ビジネス書講義――これからのビジネスに必要なことはすべてビジネス書が教えてくれる』（ディスカヴァー携書）などの著書もある土井英司さんにお願いしました。

第二回は、「パティシエ　エス　コヤマ」の創業者で、『「心配性」だから世界一になれた――先手を打ち続けるトップの習慣』（祥伝社）などの著書がある小山進《こやますすむ》さん。第三回は、『奇跡のパン――日本中で行列ができる「乃《の》が美《み》」を生んだ「超・逆転思考」』（KADOKAWA）を出されている株式会社乃が美ホールディングス創設者の阪上雄司《さかがみゆうじ》さんでした。

最近では『異彩を、放て。「ヘラルボニー」が福祉×アートで世界を変える』（新潮社）を出された地元企業である株式会社ヘラルボニーの松田文登《まつだふみと》さんにもお願いしました。手作りからスタートしたセミナーながら、講師の布陣はとても豪華です。

〝使ってもらう本屋〟から〝使える本屋〟へ

田口さんがいた頃、フェザン店は「まちの本屋」を目指していたということは第1章と第2章でも書きました。あらためて、まちの本屋とはどういうものなのでしょうか。

お客さまと積極的にコミュニケーションを取るように心がけ、ニーズを聞き取りながら店づくりに生かしていく。地元の学校や団体とも連携しながら地域の力になることには積極的に取り組むようにする。

まちの人たちには〝自分たちの本屋〟という感覚をもってもらい、本を買うという目的がある場合に限らず、いろいろな目的で頻繁に足を運んでもらう。

「あそこに行けば何かがある、何かが解決できる」というイメージを浸透させる。

そのうえで、できるだけ好きなように使ってもらう。

そんな本屋です。

さわや書店では、ＰｏｒｔａＭａｇｉｃａやＯＲＩＯＲＩを展開したことなどで〝使ってもらう本屋〟というスタイルをまず提示できていたのだと思います。

私は、そこからもう一歩進めて〝使える本屋〟というものを模索していきたいとも考えるようになりました。

書店は「本」という誰にとっても身近な商品を扱うことで、さまざまなお客さまが行き交う場になります。ほかの小売業にくらべて信用度が高いのも書店ならではの特性です。教科書を扱う老舗《しにせ》の書店などはとくに地域の信頼を得やすいといえるはずです。

そのため書店という存在が、人と人、人と地域をつなぐ役割を果たしていくようになるのも可能ではないかと思うのです。

その延長として、「何かあったときにとりあえず相談してみよう」と思われる存在になることもできるのではないか——。

私のイメージとしては、それが〝使える本屋〟につながるのです。

〝役立つ本屋〟、何かあったときに〝まず頭に思い浮かぶ存在〟といっていいかもしれません。そうなるともはや、本を売る小売店という旧来の枠組みでは収まりきらなくなるかもしれません。そして、書店員としてやるべきことにも際限がなくなってしまう――。

けれど、それでいいのだと思っています。どんな活動であれ、展開しているうちにどこかで書籍の販売につながっていけばいいんじゃないかと考えるようになったのです。

「イベント屋」と呼ばれる書店員

書店員でありながら、私がやっていることはイベント企画会社のディレクターにも近いといえます。

出張販売をするだけではなく、講演会やイベント企画のコーディネートや、新刊プロモーションのお手伝いまでをしているわけですから。このようなことまでしている書店員はなかなかいないのではないかと思います。

店売に足並みを揃えるように、書店の外商を取り巻く環境も厳しさを増しています。なかには企画商品の数字を上げるために、出版社の担当営業者に複数冊買ってもらう外商員もいると耳にします。その手法には首を捻《ひね》りますが、現場の人間としては気持ちも分からなくはありません。ただ、今の活動を続けていれば、いずれ販売冊数に反映されてくるはずです。機は熟しつつあると感じているので、そろそろこうした本格的な企画商品の販売にも取り組んでみたいと考えています。

やっていることが特異すぎるためか、私のことを〝まちの文化の灯台〟と言ってくれた人もいました。ちょっとこそばゆいくらいの言葉です。

一方で、さわや書店の赤澤会長からは「そんなことは本屋の仕事じゃない」と言われたり、「うちにはイベント屋がいるんだ」と当て擦られたりすることもあります。それはそれで仕方がないことだと思います。

しかし私は、書店員が「イベント屋」のようになることの意味は大きいと考えています。活動を店の中にとどめず、どんどん外へ出ていき、外の人たちとつながりをもちながら情報の送受信をしていく。書店がもつ信用力を生かして、まちとのつながりをさらに深めていくだけでなく、出版社や著書とのつながりもつくっていく。

こうしたつながりを生かしていくことに、これからの書店の可能性が見出《みいだ》せる気がしています。「待ちの本屋」から「使ってもらう本屋」、そして「使える本屋」へとシフトしていくためにも、書店員がただお客さまを待つだけになっていてはならないのだと思っているのです。

「よろず屋」のようになることに価値がある

たとえば、という話として、私が外回りをしている最中に「手軽に買える南部鉄器はないですか?」と相談を受けたとします。普通に考えれば、「書店員にそんなことを聞かれても困りますよ」と首を傾げつつ、「他の誰かに……」と答えるものでしょう。

しかし、私はそこで南部鉄器を紹介できるのです。それまでの物産展開催やＰｏｒｔａ Ｍａｇｉｃａを通じて、南部鉄器を扱う会社との関係性ができているからです。その会社を紹介する段階でさわや書店としての売上げにはならなくても、先につなげられます。

ずいぶん前に、本の配達先であるショップの方から「うちの店の看板をきれいにしたいんだけど」と相談されて、お役に立てなかったことがありました。当時はまだ、外へ出ていく活動が少なかったからです。

お付き合いの幅が広がった今なら、適任といえそうなデザイナーも紹介できると思います。そのデザイナーが、さらに板金業の方を紹介してくれるかもしれません。

ネット検索して見つけたお店を紹介するのとはまったく意味が違います。外商をしていて人の輪が広がっているからこそ、信用できる人や業者を紹介できるのです。

書店員というより、もはやよろず屋のようです。それでかまわない、むしろ、そうなってきたことに価値があると考えています。

一朝一夕でこうしたネットワークをつくれるものではなく、すべては積み重ねなのだと思います。もちろん、店舗を担当する書店員ではなかなか難しいことで、私のような外商だからこそ、これができたのだとも思っています。

本に関わるすべてを扱う〝総合商社〟に

少し話は変わりますが、二〇一八年までやっていた「さわベス」を復活させたい気持ちもあります。「さわベス」とは、さわや書店オリジナルの文芸賞で、毎年十二月に単行本と文庫でそれぞれベストテンを発表していたものです。

ここで一位になった本は、さわや書店がもっとも読んでいただきたい本として、新年から大々的に売り出しをかけます。過去の一位作品にはフェザン店だけでも五百冊以上売れた例があります。二〇一六年の一位作品である内館牧子《うちだてまきこ》さんの『終わった人』（講談社）がそうでした。

さわや書店の常連さんのあいだで「さわベス」が浸透していたのはもちろん、出版社にもずいぶん認知されるようになっていきました。しかし、田口さんたちが二〇一九年に辞めたことで、休眠状態になっています。

「さわベス」を復活させるだけなら簡単ですが、説得力を伴わなければ意味がありません。私がいくら足を使って動いていても、一人で「さわベス」を選ぶことはできません。スタープレイヤーたちが抜けた穴が大きいのが痛感される部分です。

しかし、そうであるからこそ、田口さんがいなくても実現できるまちの本屋のかたちを模索しているともいえるのです。

私自身、田口さんたちのような存在になりたいとは考えていません。前述した通り、田口さんたちがいた頃から役割分担がなされていて、店内で働いていた当時の私も、今と同じ「外部の方々とつながっていく担当」というようなポジションでした。

私が今、目指しているのは〝本に関わるすべてを扱う総合商社〟といえるような存在になっていくことです。

私自身、イメージを摑みきれてはいないのですが、本を仕入れて売るだけではなく、「本にまつわる相談事」のすべてを受けられるようになっていきたいと思っています。

といっても、本の内容に関する質問をされたときに、すべて答えられるようになるのはまず不可能です。

逆に、通常、書店員に相談するようなことではない部分で頼られたときに、できる限りの対応をしていきたいと考えています。その意味でいえば〝本に関わるすべてを扱う〟という表現は間違っているのかもしれません。より正確にいえば〝本に関係があるかないかを問わず、なんでも扱う総合商社〟です。

どんなことに対しても、「それは本屋の仕事ではないですから」と断ったりはしない。何かあるたび、すぐに収益に結びつけようとは焦らず、「その縁がいつかどこかで何かにつながっていけばいい」という程度に考えておく。

そんな積み重ねによって、地域に欠かせない存在になっていくのが理想です。

書店員の枠組みを外すということ

総合商社のような存在になっていくためには、書店員という枠組みを外してしまうことが前提なのかもしれません。

書店員という職業においては、一種の型のようなものができている部分があります。目利きして売れる本を仕入れ、店頭に並べる。本を売るためにPOPを作るなどの工夫をする……というのがおよその型でしょう。店長であれば、コーナーづくりや人員配置なども含めて店全体をマネジメントしていくことになります。

そういう枠組みの中でもやれることは少なくないかもしれません。

しかし、私の場合はそうした枠組みを離れた部分でこそ、自分らしいやり方ができていくのではないかと考えているのです。

公共機関や企業が講演会を開催したいと考えたとき、普通は書店員に相談するという発想はもたないでしょう。それでも私は岩手県内において、そういうときに存在を思い出してもらえるところまでたどり着きつつあります。

だとすれば、その立場を生かさない手はありません。

講演会に限らず、どんなイベントであれ、企画や運営段階から協力できるところは協力していき、イベントでは本の販売を担当させてもらう。そういう積み重ねを大事にしていきたいと思うのです。

もちろんそういう範囲のことだけではありません。どんなことでもムダだと決めつけずに活動を広げていけば、掘り起こしていける部分は多いのではないでしょうか。

妥協はせず、枠から飛び出していきたい

妥協はしたくありません。

最近は、いっさいの争いごとを避けたがるおとなしい人が増えたという印象があります。書店員ならそれでいいのではないか、と思われる人も多いのかもしれません。しかし、実際のところ書店員というものは、それなりに意見がぶつかり合うことも多い仕事なのです。

「意見がぶつかり合う」といっても、大げさなことではありません。相手の要望を常にそのまま受け入れるのではなく、主張すべきことがあれば主張する。そういう意志をもって

おくべきだということです。

いつもお世話になっている出版社も時にはその対象になります。

出版社によっては、配本の数を勝手に決めてしまい、返品はまったく受け取らない姿勢を崩さないところもあります。黙って従っているわけにはいかないケースになれば、当然ながら、主張すべきことは主張します。

新刊の出版記念講演会といったイベントを行う際に、「自社としては前例がないから」と言って出版社側が協力を拒んできたケースもありました。そのときも、丁寧に説明、交渉した上で妥当と考えられる範囲で協力をしてもらうことができました。

受け入れがたいことを言われたときには、簡単に折れずに交渉するべきなのは当然なのだと思っています。そういう部分においては妥協なく意見をぶつけ合います。


最近は、世代による感覚の違いが大きいのも実感しています。

私たちの世代は転職をするのも少数で、仕事のためにプライベートが犠牲になるのは仕方がないと考えていました。しかし、少し下の世代になると、そのあたりの考え方がまったく違ってきます。

そんな人たちに対して、通常業務外にあたる講演会会場での書籍販売を手伝ってほしいとはなかなか言えないのが現実です。だからといって、そういうことを嘆いていても仕方がありません。

私自身、書店員の枠組みにとらわれずに動き続けているので、かなりの仕事量になっています。それにしても、意図してそうなったわけではなく、知らず知らずのうちにそうなっていたのです。

自業自得というのは変ですが、自分なりにいいと思ってやってきた結果です。

文学少年ではなかった私もいつのまにか本が好きになり、本の魅力を人に伝えていきながら、できるだけ多くの人に多くの本を読んでほしいと考えるようになりました。

活動の中に人を巻き込んでいくことも必要になるとはいえ、まずは自分です。

間口を自分で狭めてしまわず、枠から飛び出していきたい。

そんなふうに思っています。

私はこれからも妥協なく、書店員の新しい姿を探し続けていくつもりです。

第4章

ヒントはいつもまちの中に

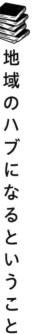

地域のハブになるということ

「栗澤さん自身が地域のハブになっているというか、ラジオ局のようですね」

長江さんにそんなふうに言われたことがありました。

ハブというのは結節点のことなので、つながりの要《かなめ》になっているということかもしれません。ラジオ局というのは情報の集積と発信をしているイメージなのだと思われます。

私自身、さわや書店が地域経済の輪の中に入れることを目指しているのですから嬉《うれ》しい限りの言葉です。

何か頼りたいことがあったときに思い出してもらえるのが私の顔なのか、さわや書店の看板であるかはとくにこだわってはいません。

私が前に出すぎるのはどうなのかという疑問はあっても、さわや書店の書店員である限り、意味合いと効果はかわらないものと考えています。

前章では書店員の枠を超えたような活動事例をいくつか紹介しました。多くは地域に密着したものです。

地域性が強い企画にはほかにもずいぶん関わってきました。たとえば二〇一七年に行われた「盛岡ブランドフォーラム」では、私自身がトークセッションに参加しました。

南部鉄器「鈴木盛久工房《すずきもりひさこうぼう》」の鈴木成朗《しげお》代表取締役、当時〝盛岡芸妓《げいぎ》〟として知られていたとも千代《ちよ》さん、『盛岡さんぽ』の著書でもある浅野聡子《あさのあきこ》さんという顔ぶれのなかに、なぜか私が組み入れられたのです。このときは文庫Xの仕掛け人である長江さんがまださわや書店にいたにもかかわらず、文庫Xに関することなどを話しました。

もともと人前に出るのが苦手で、接客業に就くことにさえ抵抗があったくらいです。以前であれば想像もできないことでした。

大役を果たす重圧は大きかったものの、主催の盛岡市役所とつながりができたことは収穫でした。何かとつながれば別のところともつながれる。それもハブ効果といえるのかもしれません。

もりおか家族のおいしいカレンダー

地域性が強いプロジェクトとしては「もりおか家族のおいしいカレンダー」を挙げないわけにはいきません。

このプロジェクトは、岩手大学の「地域解決プログラム」の一環として行われたものです。地域社会が抱えるさまざまな課題を大学が募集して、採用されれば大学の助成金を受けて学生主体で解決策を練っていくことになります。

このプログラムに「盛岡市のベッドタウンに住む人たちの高齢化が進み、世代間の断絶が生まれているので、多世代交流の場が必要なのではないか」という問題提起がありました。講演会のコーディネートなどでお世話になることが多い五味壮平教授のゼミが担当することになったのです。

そこでまずは子どもから高齢の方まで幅広い世代に集まってもらい、新しいコミュニティをつくろうということから話は始まりました。問題はその場で何をするかです。候補としてはスポーツが頭に浮かびやすいところですが、体力や興味の問題でバラつきが出ます。

世代を問わずに関心がもたれるテーマは何か？　選ばれたのが「食」でした。年代も生活する環境が違っても、みんなでひとつの食卓を囲めば自然と会話も弾むのではないか、という結論に至ったのです。

どうせなら、自分たちがおいしいと思っているお店や料理を紹介してはどうだろう、ついでに日めくりカレンダーにしても面白い……話がそこまで進んだ段階で私に相談がもちかけられました。

カレンダーなら本屋、それなら、さわや書店の栗澤だろうということだったのでしょう。声をかけてもらえたなら協力を惜しむ理由はありません。

すぐに知人の盛岡在住のライターとデザイナーにも声をかけて実行委員会を結成し、SNSで募集をかけて、四つの家族をつくりました。もちろん疑似家族です。

それぞれの家族は食事をともにしながら交流を深め、ページをつくっていきます。九歳の小学生から九十一歳の方までがこのプロジェクトに加わっていました。私も、わんこそばで有名な東家《あずまや》のカツ丼を担当し、イラストとコメントを書きました。

絵や文章の個性にはどうしてもバラつきが出るので、そのあたりはプロの手を借りて調整しています。

そうした微調整はおこないながら、盛岡市内のグルメスポットを紹介する役割も果たすカレンダーにきちんと仕上がりました。何年何月なのかを問わずに繰り返し使える日めくりタイプのものです。

このカレンダーはさわや書店全店で取り扱いました。フェザン店とＯＲＩＯＲＩでは特設ブースを設け、関係者総出の販売会も開催しました。マスコミの取材も入って好評を得られたので、さわや書店ではその後も販売を続けています。地元の人はもとより、観光客にも人気です。

この活動を通してさまざまな人と交流できたことは私にとっても大きな収穫でした。ここで知り合った〝家族〟のなかには、いまでもさわや書店で本を注文してくださる人もいるほどです。

「全国で初めて書店で販売される醤油」を開発

オリジナル商品はほかにも手がけています。

書店は本来、全国どの書店でも同じ商品（同じ本）を同じ価格で販売していくビジネスです。オリジナル商品をつくろうと考えた場合には個性を出すのが難しく、しおりやトートバッグなどの定番商品におおよそ限られます。

そうなると、どうしてもインパクトにかけてしまいます。そこで、さわや書店では「なぜ、書店がそんなものを!?」という商品の開発にも関わってきました。

なかでも意外性が際立っているのは醤油《しょうゆ》です。

地元の浅沼《あさぬま》醤油店の浅沼宏一社長から「醤油を書店で販売したい」という相談を受けたのが事の始まりでした。

話を聞いてみると、岩手県内では脳卒中で亡くなる人が多いということから県内の醤油醸造会社が合同で減塩醤油を開発したことが発端になっていました。

塩分を大幅カットしたうえにカリウムの働きにより塩分の体外排出を促す画期的な商品が完成していたのです。この商品に関しては、とにかく多くの人の手に取ってもらいたいということから、容器はペットボトルにして、地元のゆるキャラ「わんこ兄弟」を使ったデザインに仕上げていました。若者も手に取りやすいポップな醤油は大きな話題になりました。

それならそれでいいではないかと思われるかもしれません。ただ、浅沼社長としては、この減塩醤油の効能をパッケージに詳しく書き込めなかったことが心残りになっていたというのです。そのため、効能をきちんと記した別バージョンの商品をつくってはどうかと考えられました。

しかし、堅苦しすぎるパッケージになってしまえば、スーパーなど量販店で売るには似つかわしくない商品になってしまいます。そこで岩手大学でデザインを専攻している田中隆充《たかみつ》教授に相談したところ、「効能を強調したいなら、本をイメージしたパッケージにしてはどうか」というアイデアが出されたそうです。その段階で浅沼社長は、「それならば、書店で売るのがいいのではないか」と発想を飛躍させました。

その話を私に持ちかけてくれたのです。当然ながら、悩むことなく協力させてもらうことにしました。そして印刷会社の営業担当者なども加えたプロジェクトチームをつくって、具体的なパッケージを考えていったのです。

つまり私は、醤油そのものの商品開発に加わったわけではありません。正確にいえば、私が開発に関わったのは醤油のパッケージです。

打ち合わせと試作を重ねた末に二〇一七年六月に『減塩新書　いわて健民』として発売

できました。

辞書の背表紙をモチーフにして、書店の店頭に違和感なく溶け込めるパッケージになりました。帯が付いているイメージのラベルで、背表紙にあたる正面には「食塩摂取を減らせる決定版。」という医学博士の推薦文が入ります。側面には、洒落《しゃれ》をきかして「初版第一刷発行　さわや書店」と入れました。

マスコミに向けては、次のように説明しました。

「地元の醤油店、大学、官公庁、印刷会社、書店が手を組んで、岩手県の脳卒中死亡率の高さに立ち向かった醤油です。本を読むようにパッケージに書かれている効能にぜひ目を通してみてください。本のまち、盛岡だからこそ可能になった、全国で初めて書店で販売される醤油なのです」

売上げ一位になった『いわて健民』

『いわて健民』は地元メディアにずいぶん取り上げられたうえ、発売開始がお中元シーズンにも近かったこともあり、飛ぶように売れました。

文庫Xなどの例もあり、さわや書店に対しては〝何かを仕掛けてくる書店〟というイメージが浸透しています。だからこそ、本屋の店頭で醬油を販売するといった型破りのことにも抵抗をもたれなかったのだと思います。

このときは、『いわて健民』のほかに健康書や料理書を並べてフェアを開催しました。パッケージの開発段階から私は、フェアをやることを前提に減塩醬油と並べて売るのにふさわしい書籍の選定を進めていたのです。

このフェアを開催したことで、さわや書店は「健康」に関してもお客さまに提案できる書店だというイメージを打ち出せたのではないかと思います。

誤算だったのは、『いわて健民』と並べて売り出そうとした健康書や料理書がほとんど売れなかったことです。お客さまは最初から話題の醬油の購入を目的にしていたので、本とのセット買いにしようと考える人はいなかったのでした。

それがわかると早めに切り替えて、ＰＯＰも作り直し、『いわて健民』単独で売るようにしました。店頭で醬油だけを売っているのでは、それこそ何の店なのかもわからなくなります。それでも、それもさわや書店らしいやり方だと割り切ることにしました。

その後も『いわて健民』はよく売れました。さわや書店全店の売上げランキングに当てはめると並みいる話題書を押しのけ、一位になるほどの売れ行きになったのです。

本よりも売れてしまっていいのかはともかく、独占販売できるオリジナル商品を開発して、ヒット商品を送り出せたのは事実です。ふだんは書店に足を運ぶことがない年配の人などにも店に来ていただくことにつながったので、さわや書店にとっても意味がある企画になったのでした。


私が醬油づくりに関わっていたことについては、さわや書店の赤澤会長に対しては完全な事後報告になりました。新聞に取り上げてもらえるのがわかった段階で、記事が出るより先に言っておく必要があると考え、はじめて会長に話しました。

どういう反応を返されるかは不安だったものの、会長の度量はやはり大きかったのでした。私を咎《とが》めることもなければ、驚いた様子も見せずに、ただこう言ってくれたのです。

「わかった。売れるといいな」

七〇周年記念でつくった〝裂き織り〟ブックカバー

『いわて健民』のプロジェクトを進めていたのと並行して手がけていたのがオリジナルブックカバーです。ブックカバーというと定番じゃないかと思われるかもしれませんが、オリジナル性がかなり高いものです。

さわや書店は二〇一七年に創業七〇周年を迎えており、このブックカバーは七〇周年記念の限定商品になっています。

「岩手のモノづくり販売会」に参加いただいていたことから付き合いができていた「幸呼来　Ｊａｐａｎ」の企画担当者と話をしていた際、さわや書店にもオリジナル商品が欲しいと口にしてみると、「栗澤さんがつけているそのエプロンはいい生地ですね。そのエプロンからでも立派なブックカバーが織れますよ」と言われたのがきっかけでした。

幸呼来さんは、古着や古布をいちど裂いて糸状にまとめて編み直す〝裂き織り〟という手法でカバンや財布などの服飾雑貨や衣料品をつくっている会社です。アシックスのオニツカタイガーとコラボしたシューズをつくって話題になったこともありました。

最初は「いえ、このエプロンは売り場で使っているものですから」と断ったものの、会社の倉庫には数年前まで使用していた旧モデルのエプロンが眠っているのを思い出しました。そこからこのプロジェクトは動いていったのです。

残っていたエプロンの数から作れるブックカバーはおよそ百四十枚。七〇周年の歴史に感謝するとともにさらに七〇年歩んでいきたいという願いを込めて、ちょうどいい枚数だと考えました。

価格は原価ギリギリの設定で二千五百円になりました。裂き織りは非常に手間がかかる手法なので、これより下げれば赤字になってしまいます。カラーはエプロンのボディ部分を使ったネイビーと、肩紐《かたひも》の部分を使ったカーキ色の二種類です。

役割を終えたエプロンを素材に使ったブックカバーでは売れないだろうという社内のスタッフもいたなかで売れ行きは好調でした。地元マスコミにも取り上げられて問い合わせが殺到し、約二週間で在庫がなくなりました。

定番中の定番のブックカバーでこれだけ意味ある商品が仕上げられ、ヒット作にできたのですから感慨深いことでした。

わたしは、わたしの住む街を愛したい

七十周年百四十枚限定だったからこそ、すぐに完売したのであり、同じものを普通に売っていても、こうはならなかったはずです。ただ、ふだんから提供しているサービス用の紙のブックカバーに対する評価が高かったことも、このヒットに結びついている部分があったのかもしれません。

以前に店頭で使用していたカバーには、さわや書店創業の地であり、本店が立地する盛岡市中心部の大通商店街の歴代地図がデザインされていて、次のようなコピーが書かれていました。

「わたしは、わたしの住む街を愛したい　手あかにまみれた一冊の本のように。」

このカバーは地元の人たちに愛されていただけでなく、観光客にも人気があります。

そんなバックボーンがあったことも、裂き織りブックカバーを受け入れやすくしてくれた気がします。

このブックカバーを手に取ったことで、はじめて裂き織りの良さに気づいた人も少なく

なかったようです。

逆に、もともと裂き織りファンだったということからこのカバーを買ってくれた人もいました。相乗効果を生み出せたのも嬉しいことでした。

この企画を動かさなければ、何もしないで七〇周年を迎えてしまっていたかもしれません。そうならずにスタッフが七〇周年の意義を感じてひとつにまとまったのもよかったと思っています。

酒好きが高じてつくった!? オリジナル商品

やはりオリジナル商品につながっていく話なのですが……。コロナ前の私は、前述のように取引先や営業先と酒席をともにすることが本当に多かったです。田口さんには「一週間に八日飲む男」と言われていたくらいでした。人との関係性をつなぐ目的はもちろんあるとはいえ、もとからお酒が好きなのは否定できません。

エイ出版社が企画した『盛岡本』というガイドブックがあります。こちらでは、盛岡は本のまちということで、さわや書店フェザン店をはじめ、東山堂やエムズエクスポ盛岡といった市内の有名書店が取り上げられています。各書店員たちは、それぞれの店頭にてエプロン姿で働いているところが紹介されていました。そのなかで、なぜか私だけが名店といえる路地裏の隠れた居酒屋を紹介するコーナーのナビゲーターを務めています。私服で居酒屋のカウンターで飲んでいる写真が掲載されているのです。

それでいいのだろうか!? とは思いながらも、そんな私の日常が生かせる商品開発も行いました。それが「日本酒ラベルノート」です。

手のサイズより少し大きいくらいの小型リングノートで、表紙には日本酒の一升瓶に実際に使われているラベルが貼られています。ラベルと同じデザインにするのではなく、実物のラベルを用いたことでリアル感が増しました。

初回に選んだ銘柄は、私の出身地である釜石の「浜千鳥」です。

日本酒のラベルは素材も大きさもまちまちなので、何種類ものラベルをノートのひな型に当ててみて、「山廃仕込純米酒　浜千鳥」、「特別純米酒　浜千鳥」、「本醸造　限定品ゆめほなみ」の三種類に決めました。それぞれにラベルの雰囲気が違うので、バランスの取れたラインアップになりました。

発売前は、地元の日本酒愛好家や、いかにもご当地モノといえそうな土産物を探している観光客などに買ってもらえるのではないかと期待していました。しかし実際は、コアな層に限らず、想像よりも幅広く受け入れてもらえました。会社の忘年会や結婚式の二次会などといったイベントの景品やお土産に使う目的でまとめ買いされるケースも多かったのです。嬉しい誤算で予想以上のヒット商品になりました。

岩手県には現在、二十四の蔵元があるので、シリーズ化してすべての蔵元のラベルノートをつくることを目標にしています。

ただ、ノートにラベルを貼るのはすべて手作業になるうえ、製造ルートの関係で難しいところも出てきてしまいました。浜千鳥とともに、私の大好きな八幡平《はちまんたい》市の「わしの尾」でつくって、そこで止まっている状況です。

お酒を飲めるイベントも開催！

日本酒ラベルノートをつくったことが次の企画にもつながっています。駅ビルのフェザンから発案された企画「オトナたちの発酵ナイト」もそのひとつです。

駅に隣接するホテルメトロポリタン盛岡のカジュアルレストラン「ジョバンニ」のPRにつなげる目的もあったイベントです。ホテル内にあるレストランは敷居が高いと思われがちなので、もっと気楽に使ってもらえる場所だということをアピールしたい意図もあったのです。

このイベントでは、わしの尾の工藤朋《くどうとも》社長や浅沼醤油店の浅沼社長に私も加わりトークショーを行いながら、お客さまには食べ放題、飲み放題の時間を過ごしてもらいました。有料チケット制の企画で、会場ではお酒に関する本や日本酒ラベルノートも販売しました。

岩手県出身で、東京の恵比寿《えびす》で日本酒バー「GEM by moto（現・ミズノトリ）」の店長をされている、千葉麻里絵《ちばまりえ》さんという女性がいます。システムエンジニアという異業種から飲食店業界に飛び込んだ経緯や、蔵元や酒屋との交流、日本酒の知識などをまとめたコミックエッセイ『日本酒に恋して』（主婦と生活社）の著者です。「カンパイ！ 日本酒に恋した女たち」という映画にも出演されたことがあり、やはりこの映画に出た久慈浩介《くじこうすけ》さん（南部美人五代目蔵元）とともに、出版を記念したトークショーを開催したこともあります。

岩手の日本酒と、このイベントのために特別につくったおつまみとの「ペアリング試飲・試食会」というかたちをとりました。チケット代が八百円と安かったこともあり人気が高く、定員三十名はすぐにいっぱいになりました。お酒は、「南部美人」と「わしの尾」にご提供いただきました。このときもやはり、著書などの書籍に加えて日本酒ラベルノートも販売しました。

前記した二つのイベントは二〇一九年に行われ、翌二〇二〇年には映画『影裏』の公開記念トークショーを行いました。コロナウィルスの影響がまだ出ていなかった二月九日でした。

原作の『影裏』は芥川賞作品です。著者の沼田さんは当時盛岡市在住で、この映画も岩手県を舞台にしていました。

『影裏』には「わしの尾」が実名で出ていることもあり、「わしの尾」と「南部美人」からは『影裏』ラベルの日本酒が販売されたので、その試飲会を兼ねたものになりました。

販売会のために奔走する、なんでも屋

地域に根付いた販売会も企画しています。その原点となったのは、すでに紹介している二〇一六年開催の「岩手のモノづくり販売会」です。

第1章でも書いたようにフェザン本館の催事場で行ったイベントでした。Ｐｏｒｔａ Ｍａｇｉｃａへの波及効果を狙い、こちらから持ちかけた企画で、地元貢献の面からフェザン営業部側も快諾したのです。

私の担当になったので、南部鉄器や岩谷堂箪笥の木工品などを扱いたいと考え、交渉に行きました。盛岡からはかなり離れたところまで足を延ばしたので、「どうしてこんなところまで盛岡の書店員が来るのか!?　しかも本の話もせずに」と先方には驚かれたものです。

この販売会の延長線上にあるのが「ＳＤＧｓ ＣＯＮＣＥＰＴ ＳＨＯＰ」です。

これはフェザンに入っている店舗の社長が、フェザン営業部に対して「ＳＤＧｓに関する販売会をしませんか」という話を切り出したことがきっかけでした。そして「いわてモ

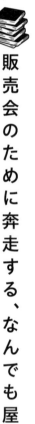

ノづくり販売会」の開催実績から、さわや書店というか、私にやってほしいと話が回ってきたのです。

このイベントでは、りんごの皮などを発酵させて作る香りのスプレーや無農薬米などを販売しました。

盛岡市役所農政課の企画「もりおかグリーンフェスティバル」も、フェザンの営業部が請け負い、こちらが協力させていただいたものです。

フェザンを会場にしてフリーマーケットに近いかたちで地元の農家さんがりんごなどの特産品を販売した催しです。ここでは『東北食べる通信』の初代編集長である高橋博之《たかはしひろゆき》さんを招いてトークショーをコーディネートしました。

私が「神保町ヴンダーカンマー」の実行委員長に⁉

少しマニアックな企画になりますが、東京・神田《かんだ》神保町《じんぼうちょう》の奥野《おくの》かるた店が開催するアートイベントとして「神保町ヴンダーカンマー」があります。生きものをテーマにした作品やコレクションを紹介、販売する理系アートのフェスティバルのようなものです。

ちょっとした縁があり、「盛岡でもこのイベントを開催しないか」という話がもちかけられたのです。神保町以外ではまだやったことがないとのことでした。

このときは、なりゆきで私が実行委員長を務めることになりました。それが「第一回MORIOKA神保町ヴンダーカンマー」です。盛岡市の助成金を利用して二〇一九年二月に開催しました。

岩手県公会堂をメイン会場に、サイエンスにまつわるトークショーやワークショップ、グッズの販売会と盛りだくさんの二日間です。

並行してORIORIにも特設ブースを設け、アリジゴクのクリアファイルや牛の胃袋Tシャツなどマニア向けのグッズを販売しました。地域色というより独自色の強いイベントでした。

運営が大変だった分だけ勉強になりました。助成金を使うやり方は、実行委員の一人でプロデュース事業に詳しい方に教えてもらいました。

こんなイベントを行う際に、私という個人が実行委員長をやるハメになったのも以前には考えられないことでした。

この頃になると、もはやなんでもありになっていた気がします。

「先輩の本棚」と「おいしい景色」

さわや書店の店頭を活用するかたちでコラボ的なフェアを開催した例もあります。

たとえば、若者の就職支援を行っている「ジョブカフェいわて」では「先輩の本棚」という企画が立てられました。第一線で活躍している人生の先輩から就職したての若者に向けて、読んでおいたほうがいい本を紹介してもらう企画です。

最初はガイド的なリーフレットを作るだけの予定でしたが、紹介された本を実際に手に取って見てみたいという意見が多く寄せられたことからさわや書店フェザン店でフェアを行うことになったのです。

フェザン店の改札口フロアの正面ディスプレイに展示をしたうえで、フェザン店では〝先輩たちの推薦図書〟を用意しました。デール・カーネギーの『人を動かす』といった定番本から人気コミックの『美味しんぼ』まで幅広いラインアップになりました。

公共性の高いフェアだったこともあり、マスコミにもずいぶん取り上げてもらい、売上げも伸びました。そのうえ、この企画に関係した企業のいくつかは新たな外商先に加えられ、先につなげていくこともできています。

似たパターンとしては「おいしい景色」フェアがありました。こちらは、地元の岩手めんこいテレビが制作した同名のローカル番組とのコラボ企画です。映画監督の大友さんやブックデザイナーの名久井直子《なくいなおこ》さん、作家の木村紅美《きむらくみ》さんといった盛岡にゆかりのある著名人に地元の思い出の味を紹介してもらう番組がベースになっています。

紹介された食べもののパネルだけでなく、大友監督がメガホンを取った『るろうに剣心』の関連本や、名久井さんが表紙をデザインした『光待つ場所へ』（辻村深月《つじむらみづき》著・講談社文庫）や木村さんの著書『イギリス海岸　イーハトーヴ短篇集』（ＫＡＤＯＫＡＷＡ）などの文芸書を本店で売り出しました。

番組告知と本放送がそのまま宣伝にもなったうえ、ニュースでも取り上げられたので、成果は大きかったといえます。

めんこいテレビとはこの後も岩手が生んだ偉人、新渡戸稲造《にとべいなぞう》関連で同様のフェアを開催できています。継続性がもたらせられているだけでなく、新しい客層を取り込むことにもつながったと感じています。

本の出版もお手伝い

本を出したいと考える方がいた場合、出版協力もしてきました。

岩手には「ベアレン醸造所」という地ビールの会社があります。地ビールの低迷期に友人同士で創業した会社で、二〇一五年には「世界に伝えたい日本のクラフトビールコンテスト」でグランプリも取った実力ある醸造所です。

ただし、名前が知れるまでの道のりは平坦《へいたん》なものではなく、さまざまなドラマがありました。ベアレン醸造所の嶌田《しまだ》洋一《よういち》社長はそうしたエピソードをネットに書いてきていたので、それをまとめた本を出そうと考えていました。

このとき、「どこかの出版社から出すことはできないでしょうか」と相談を受けた田口さんと松本さんがポプラ社とのあいだをつないだことによって、出版が実現しました。それが『つなぐビール　地方の小さな会社が創るもの』です。

これ以前に田口さんは、笹原《ささはら》留《る》似子《いこ》さんが『おもかげ復元師』を出版する際にもポプラ社とのあいだを仲介していたので、その縁が役立ったようです。笹原さんは震災後のボランティアで三百人以上の遺体を復元された方です。

『つなぐビール』の発行にあたっては、仕掛けも施しました。

まずフェザン店の店頭でこの本を買っていただいた方には先着順の限定でベアレンビール一瓶をプレゼントしました。また、ベアレン醸造所直営のビアレストランでは嶌田専務のトークショー&サイン会を行い、大盛況となりました。

工場の敷地内では毎年秋になるとビアフェスタ「オクトーバーフェスト」を行うので、その際にはブースをつくって、本書『つなぐビール』を販売しました。

本を出す以上、なんらかの展開は考えたいものですが、このときはベアレン醸造所の協力もあり、いろいろと盛り上げていくことができました。

アルコールの力はやはり強いといえます。

自費出版からヒット作が誕生

私自身が出版に携わった本としては、盛岡市の「ハンバーグのベル大通店」でドアマンをしていた佐々木重政《ささきしげまさ》さんの『はつらつ人間力』が挙げられます。

この店舗（旧名、ハンバーガーとサラダの店　べる）は、びっくりドンキーの実質上の一号店として知られていて、佐々木さんは創業者の庄司昭夫《しょうじあきお》さん（故人）とともに店を大きくした伝説のスタッフです。この店の初代店長を務め、定年退職したあと、ドアマンとして復帰し、街の顔になっていました。

以前から佐々木さんを知っていた私は、ドアマンとしての矜持《きょうじ》や興味深いエピソードの数々を聞かせてもらっていたこともあり、その人生と考え方を本にまとめてはどうかと勧めていました。佐々木さんも乗り気になってくれました。「できるだけ早く本にしたい」と考えられたこともあり、結果的に自費出版のかたちになりました。知人のライターの協力も得られたので、内容の濃い一冊にできています。

発刊記念のトークショー&サイン会もＯＲＩＯＲＩで行いました。このイベントには長年のベルファン、佐々木さんのファンが押し寄せたので、慌てて増席するほどの盛況になりました。本自体も地元メディアにも紹介されて、自費出版とは思えないほどの売れ行きでした。

その後も図書館などから佐々木さんに対する講演依頼があり、その講演会の日には出張販売もしました。そうした成果もあって初刷分はすぐに売れ、増刷した分も最終的にほとんど売り切ることができたのです。

私が佐々木さんと言葉を交わすようになったのは、専門書売り場にいた頃に佐々木さんがビジネス書をよく買いにきてくれた縁からでした。ただ、こうした話が持ち上がったときに書籍化へ向けてすぐに動けたのは、外商になってあちらこちらに出かけていくことでつながりをつくっていたからだといえます。

『福田パンものがたり』はランキング一位に！

盛岡市民のソウルフードといえるもののひとつに「福田パン」があります。

ジャムやバター、ハンバーグや焼きそばなど、さまざまな具材やクリームを挟み込んだコッペパンです。店頭では具材の組み合わせは自由にオーダーができ、自分オリジナルのパンが食べられるのも人気の秘密です。とにかくおいしいのです。地元民に愛されているのはもちろん、盛岡に来られた作家や出版社の人もお土産としてまとめ買いしていくケースが少なくないほどです。

それだけの人気を誇りながらも、県外に出店する予定はないと伺います。これからもずっと地域に愛されるパンをつくり続けていきたいという経営方針だからです。

この会社の福田潔《ふくだきよし》社長が、創業七〇周年を機に、創業者である祖父・福田留吉《とめきち》さんの想《おも》いをお客さまに伝えたいと考えられました。それまで社史をまとめていなかったことも理由のひとつでした。社史の意味合いをもたせながらも、堅苦しいものではなく、誰にでも読んでもらえるようなものを残しておきたいということでした。

相談をもちかけられた私が、盛岡出版コミュニティーという出版社とのあいだをつないで編集にも協力し、本にしたのが『福田パンものがたり』です。

盛岡出版コミュニティーは、地元の書店員だった栃内正行《とちないまさゆき》さんが立ち上げた小さな出版社です。宮沢賢治や石川啄木にまつわるものを中心に郷土色豊かな本を出版しています。盛岡は東京の出版社の方が驚くほどタウン誌が充実している一方で、書籍出版が弱いので、盛岡出版コミュニティーは今後が期待される存在になっています。

この本をつくっていたなかで、創業者の福田留吉さんが稗貫《ひえぬき》農学校（現・岩手県立花巻《はなまき》農業高等学校）に通っていた頃、宮沢賢治の教え子だったと知ったときには驚きました。留吉さんがコッペパン作りを始めた際には、「空腹の学生たちのことを考えてかなり大きめのサイズにした」のだともいいます。そういう発想をもった背景にはもしかしたら宮沢賢治先生の教えがあったのではないか、とも勝手に想像を巡らせたものです。

本ができると、私もラジオや地元紙で紹介するなど、できる限りの宣伝をしました。その効果もあったのか、さわや書店本店やフェザン店では、長くランキング一位の座をキープするほどの売れ行きになりました。

自費出版と商業出版の中間のような性質の一冊です。

地方出版でこれだけのヒット作はなかなか出せるものではありません。福田パンがいかに地元で愛されているかをあらためて実感しました。

書店業界を活性化させる「地産地消」

福田パンとの付き合いは、さわや書店の青森ラビナ店がオープンした際に、盛岡と青森の橋渡しになってくれるものはないかと考えて、先着限定でお客さまに福田パンをプレゼ

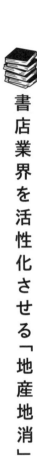

ントする企画を発案したことから始まっていました。

それ以前から面識はありましたが、そのときの交渉で関係性が深まっていたのです。そう考えたなら、外商としての日ごろの活動から生まれたヒット作だったともいえるのでしょう。


私たちのもとには二、三か月に一度くらいの割合で自費出版の相談がもちかけられます。内容次第ということや、私の手が回らないこともあり、常に協力させていただくわけではありません。ただし、本にすべき内容だと考えた場合には、全面的に応援させていただきます。場合によっては、出版社とつないだり、内容面などでアドバイスをすることもあります。

さわや書店でヒットすれば収益になるとはいえ、なかなかそうはいきません。

それにもかかわらず、出版のお手伝いをしているのはやはり書店員の仕事の枠を超えているのだとは思います。

経験値が少ないので、たいした力添えはできません。それでも、このまま眠らせておくべきではないなと感じる話や情報があったときには「本にしたいな」という思いがふくらみます。『はつらつ人間力』や『福田パンものがたり』は、そういう気持ちから生まれたヒット作、成功例だといっていいはずです。

全国的にも、出版に関する地産地消が進めば、書店業界も活性化するのではないかと考えています。

小説の連載にも協力

地方出版らしい企画としては、現在進行形のもので『潮風の速さはどれくらい』という連載企画にも協力しています。北東北三県をフィールドにした『ｒａｋｒａ（ラ・クラ）』という情報誌に二〇二一年から掲載されている小説です。

前述した『盛岡本』でも仕事をともにした地元の川口印刷工業のプロデューサーがこの『ｒａｋｒａ』にも携わっていたことから私に話がもちかけられました。

この川口印刷工業は環境省とパートナーシップを組んでおり、この環境省のプロジェクト『みちのく潮風トレイル』のＰＲを請け負っているため、その関連企画です。

みちのく潮風トレイルというのは、青森県八戸《はちのへ》市から福島県相馬《そうま》市までの太平洋沿岸をつなぐロングトレイル（歩きを中心にした旅）を推進するプロジェクトです。

情報誌でこうしたものを紹介していこうとする場合、ライターが実際に旅に出かけたルポというかたちをとって、場所ごとでの出会いや美味しいものを紹介していくパターンが多くなります。今回は違った趣向でやってみたいということになり、小説仕立てにできないだろうかと相談されたのです。

そこで私は、『傭兵と小説家』で星海社FICTIONS新人賞を受賞している南海遊《みなみあそう》さんを紹介しました。盛岡市在住の作家です。

『潮風の速さはどれくらい』は、青森から南下していく女性と、宮城から北上していく男性の二つの視点で構成されます。この小説と絡めて、毎回、本を一冊、紹介するようにもしました。南海さんと相談しながら本を選び、ストーリー上のアイテムのひとつに使用しつつ、小説とは別立てで本の案内をしています。

紹介した本がさわや書店の売上げにつながるかどうかはわかりません。しかし、『ｒａｋｒａ』との関係は深まっているので、『ｒａｋｒａ』がイベントをやるときにはさわや書店も連携しやすくなっています。

この連載が終わったあとに、これまでに紹介してきた本とみちのく潮風トレイルを紐づけてフェアを展開することも考えています。

岩手県内から無書店地域をなくす

書店が閉店したり、売場が縮小していく動きが目立つなか、少しでも書籍が販売される場所を増やしていきたいと考え、そのためにも動いています。

たとえば「もりおか町家物語館」もそうです。盛岡には鉈屋町《なたやちょう》という昔からの町家が並んでいる地域があります。そこにあった酒蔵と町家をリノベーションした施設がもりおか町家物語館です。その一画に書籍販売ブースを設置させてもらっています。

土産物の販売コーナーに郷土書を置きたいという相談を受けたことから話が進み、委託販売を行えるようになりました。

既存の書店にお客さまを呼び込むだけでなく〝本を売れる場所〟を増やしていき、そこに書籍を卸していく方法論もあるわけです。

閉店してしまう書店が増えているのはよく知られているとおりです。

二〇〇一年段階で全国に書店は二万店以上あったのに、二〇二〇年には約一万一千店まで減ってしまいました。二十年間でほぼ半減です。

そのため、町に本屋がない「書店空白地帯」も出てきています。ネット書店を利用すれば本は買えるといっても、ちょっと時間があいたときに町の本屋を覗《のぞ》くといった日常が失われると、本そのものに対する関心が薄れてしまいかねません。そんな事態をまねかないためにも書店空白地帯を生み出さないようにしたいのです。

田口さんがさわや書店にいた頃に「岩手県内から無書店地域をなくす」という目標を立てて共に動き出していました。

自分たちの子どもの頃は、ちょっと後ろめたい本を買いたいと思ったときなどに、大型書店ではなく、おばあちゃんが留守番をしているような店に行くことがありました。そういう目的に限らず、バスの待ち時間などにふらっと本屋さんに入って立ち読みするようなことも多かったものです。

そうした場所がなくなっているのは個人的に寂しく、書店員として責任を感じる面もあります。

すでに無書店地域になっている場所では、書店が商売として成り立ちにくいのはわかっています。そういう場所に既存のビジネスモデルに則《のっと》った書店を出していこうとは思いません。さわや書店としての新規出店をしていこうと目論《もくろ》んでいるわけでもありません。しかし、人と人、さわや書店とほかの組織とのつながりを生かしていけば、ローリスクローリターンで本を売れる場所を増やしていくことができるのではないかと思うのです。

田口さんと一緒にそのための仕組みづくりにも動いていました。思わぬ事情で止まってしまった案件もありますが、あきらめたわけではありません。状況を見ながらトライは続けていきたいと考えています。

それとは仕組みが違っても、本を手に取れる場所、買える場所は増やしていけるはずです。もりおか町家物語館に書籍販売ブースをつくれたこともその一例です。積み重ねが大切になるので、こうした売り場は今後もできるだけ増やしていきたいと考えています。

お寺で開催される「夜行書店」

今後の展開が楽しみなものとしては「夜行書店」というプロジェクトがあります。

盛岡市内の名須川《なすかわ》町の専立寺《せんりゅうじ》というお寺の日野岳史乗《ひのおかふみのり》住職が始めたことです。

常日頃から、お寺という空間はどうあるべきかを深く考えられていて、お堂で演劇やコンサート、フリーマーケットを開催するなど、さまざまな企画をやっていたことでも知られるお寺です。

日野岳住職は、コロナ禍で足を運べる場所が減ってきたことを危惧《きぐ》されて、何かをやりたいと考えられていました。

本来、誰にでも開放されているはずのお寺にも人が集まらず、お寺本来の役割を果たせていない部分があったのです。

そんな状況を嘆いて一石を投じたのが夜行書店です。

「お寺は受け入れる場所であり、行ける場所がないならお寺に来ればいい」という考えから、コロナ禍でもお寺を開放することにされたのです。

二〇二一年の六月から週一回、金曜の夜（十八時三十分～二十二時三十分）にお堂を〝夜の本屋〟に変身させることになりました。

「本を読んでもいい。読まなくてもいい。座って読んでも立って読んでもいい。好きな本を持ってきてもいい。パソコンを持ってきて仕事をしてもいい。ただじっとしていてもいい……」というのが日野岳住職の言葉です。「来てもいい、来なくてもいい」とも続けているのですから、本当に自由です。

こうした住職の考え方に私も共感しました。さわや書店として委託販売をしてもらうことにしたのです。

実質的には本を貸し出しているのに近いといえます。三十冊から五十冊ほど夜行書店に本を置いておき、三か月ごとに補充や一部入れ替えをしています。いまのところ売上げはそれほど多くありません。

ただ、本の注文を受けるケースも増えているので、今後、売上げの伸びは期待されます。住職の意向として〝尖《とが》った書店〟にしたいということもあり、夜行書店に置いてあるものはアングラ系の本が多めになっています。住職の人柄もあり、お寺には変わった人が集まってきやすく、私などは聞いたことがないようなマニアックな本の注文を受けることもあります。

コロナがおさまれば、この夜行書店にゲストを呼ぶなどして、ゆるいイベントを開催したいとも考えています。

書店とフリーマーケットは相性が良くない？

専立寺で「夜行書店」に先駆けて二〇一六年から行われていたのが「大菩《だいぼ》薩《さつ》マーケット」です。寺院であることを連想しやすくするため大菩薩マーケットという仰々しい名称がつけられていますが、お堂で行うフリーマーケットで、地元のバンドによるミニライブやヨガ体験コーナーなどのイベントも同時開催しています。

専立寺は場所を提供しているかたちで、古着店の代表が主催者です。そのためか、古着店や飲食店などの出店が多くなっており、ご本尊を中心にして雑多な商品が展開されている光景は興味深いものでした。

さわや書店も声をかけられ、出店しました。

これ以前にもほかのフリーマーケットに何度か出店したことはあります。ただ、実をいうと、書店とフリーマーケットの相性は良くはありません。

たとえば地元のタウン誌が企画した親子向けのフリーマーケットでは、音の出る絵本などの児童書を並べ、オリジナル缶バッジ制作コーナーなども展開しました。子どもたちは絵本を取ってくれ、制作コーナーに並んでくれますが、本はなかなか売れませんでした。本を買えば荷物になるうえ、並べている本はいつでも本屋で買えるものだから、と感じているお客さんが多いことが敗因だったのではないかとも考えています。

フラワーフェスティバルで園芸書などを並べて惨敗に終わったこともありました。

それでも大菩薩マーケットには繰り返し出店し、それまでにくらべれば売上げも出せていたのです。

一人や二人でも本を手に取る人を増やしたい

大菩薩マーケットのお客さまの層はかなり広いものでした。

ご本尊に手を合わせてから会場を回りだす老夫婦もいれば、敷地内で出店しているコーヒーを買ってから来場する若い男性もいました。

お堂の中でハイハイしている赤ちゃんもいました。

さわや書店のブースでは絵本から時代小説までいろいろなジャンルの本を並べました。

それらの本がある程度、売れただけでなく、驚くことに本の注文も取れました。

大菩薩マーケットに来ていた人たちのなかで、ふだんから書店を利用している人はあまり多くない印象でした。二割から三割くらいじゃないかと思います。

それでも、その方たちの意識の中にさわや書店という名を残すことができました。注文をしてくれた人は、取り置きの本を買いに店にも来てくれました。

売上げだけでは計れない効果といえます。


フリーマーケットや出張販売は、ふだんあまり本には興味をもっていない人たちが本に触れ、書店に足を運んでもらうきっかけづくりの場にできます。

だからこそ私は、仕事に追い回されている状況であっても、できるだけこうした機会は逃さないようにしています。

たとえ一人や二人でも、本を手に取ってくれる人を増やしていくことを軽視していては、本屋に未来はないとも考えているからです。

この大菩薩マーケットは、あらかじめ「十回やったら終了」と決められていたので、二〇一九年八月でひと区切りとなりました。

しかし、とくに前触れもなく二〇二二年二月に再開し、第十一回マーケットが行われました。このときも当然、さわや書店は出店しています。

本は、与えられるだけでなく、選ぶことが大切

常設の販売場所は「なないろのとびら診療所」にも設置しています。

この診療所は盛岡市仙北町にあり、訪問介護に力を入れているクリニックです。通院が難しい人のためのオンライン外来として「コンビニ外来」を設けているなど、独自の試みをしていることでも知られています。

施設の中にはカフェも併設されていてフリースペースもあるので、その一部に本を置かせてもらうようになりました。

認知症の患者さんが多いクリニックでもあり、「認知症では本を読むことが大きな意味をもつので、できるだけ本と接する機会を増やしたい」という考え方をされています。

グループ内で、サービス付きシニア向け住宅も運営しているので、そこに出張販売に行ったこともあります。

本は、与えられるだけでなく、選ぶことが大切だともいいます。

そのため注文を受けた本を渡すだけでなく、できるだけ多めに本を持っていき、入居者に手に取りながら選んでもらう販売会がいいわけです。

なないろのとびら診療所の松嶋大《まつしまだい》所長は、子どもたちにしっかりした大人になってほしいという願いのもとで、母校の小学校や関係する学童クラブに定期的に、また公共図書館にも不定期で書籍を寄贈しています。私もそのお手伝いをするようになりました。

寄贈する本をどのように選ぶかについては、子どもたちのリクエストに応《こた》えたり、学校の先生に選定いただいたり、診療所側でピックアップするなど、まちまちです。しかし、松嶋所長は、できれば子どもたちに自分で本を選べる機会を設けたいと考えられていて、私も賛同しました。

それで子どもたちのための「選定会」も開催することにもなったのです。

「本屋の原点」のような選定会

選定会の会場は、前述したグループ内のシニア向け住宅のリビングです。ふだんは食事に使うテーブルを平台がわりにして絵本や児童書を並べます。

近所の小学校に隣接する学童クラブに通う一年生から六年生までが、熱心に本を手に取り、「僕はこれがいい！」といった感じで選んでいきました。そこで聞いた子どもたちの希望を生かしながら、予算に合わせて寄贈する本を決めたのです。

同じような選定会はほかにも定期的に開催しているので、それなりに手間はかかります。効率だけを考えるなら診療所側か学童クラブの側に指定してもらったものを納品するほうがいいには違いありません。しかし、多くの本のなかから好きなものを選ぶという〝書店体験〟をしてもらうためにもこのやり方を続けています。

この選定会には、施設に住む皆さんも会場となる食堂に来る場合も多いので、年配の方向けの書籍も用意することにしました。そのなかから購入してくれる人もいれば、私と顔なじみになって、注文をしてくれるようになった人もいます。

こうした選定会は本屋の原点のようなものだと実感しています。こういう機会を増やしていくことの意義は大きいはずです。

田口さんは、さわや書店を辞められたあと、楽天グループの出版取次会社「楽天ブックスネットワーク」に入られました。そこで担当しているのが少部数卸売サービスの「Ｆｏｙｅｒ（ホワイエ）」です。小さな書店、あるいは書店でなくても書籍を扱いたいと考える他業種の店舗でも、本を仕入れやすくするためのサービスです。

私は私で、ホワイエとはまた違うかたちで、本を手に取れる場所、本が売られる場所をつくっていきたいと思います。そのためにも、もりおか町家物語館や夜行書店、ないろのとびら診療所のような常設の販売場所をさらに増やしていって、選定会や出張販売も続けていきたいと思っています。

さわや書店の〝棚〟を増やしていきたい

売り場を常設していけばＰＲになるし、今後の可能性も広がります。ただし、今現在はシステムとしての課題があります。

販売のレジ対応は先方に任せているので、私がその場にいない限りは瞬時にデータのやり取りができません。どの本が売れたかを確認するためには、定期的に訪問して確認するしかなくなります。こちらで動けるのは実質的に私一人なので、それほど頻繁に足を運ぶわけにはいかず、タイムラグが大きくなります。

売れた本がわかったあとも、店に戻ってからあらためて発注作業を行うことになるので、本の補充が遅くなり、売り場の荒廃につながります。荒廃というのは大げさだとしても、棚の維持が難しいということです。

どうすればいいかはいろいろ考えました。本が売れたという情報をできるだけ早くこちらに送ってもらえるシステムができれば、ひとつ前進できます。それ以上に実現したいのは、現場から本を発注できるようにすることです。

現状のシステムでは、たとえば、なないろのとびら診療所から取次に注文を入れて、本を直接届けてもらうやり方は受け入れられません。その部分がなんとかならないかということで現在も各方面に働きかけているところです。

前例がないことなので、すぐに実現させるのは難しそうですが、あきらめずに交渉を続けていくつもりです。


道のりは長くても、こうしたシステムがつくられたうえで常設の販売場所を増やしていけたなら、盛岡市に限らず、東北各地にさわや書店の〝棚〟を設置できます。

医療機関や介護施設、観光施設やホテルのロビーなど、ちょっとしたスペースで構わないので、それぞれの場所の性質やニーズに合わせた棚をつくっていきたい。

初期納品や棚づくりにそれなりの経費がかかりますが、売り場ごとに注文や棚の整備ができるようになれば〝小さな書店〟として成り立ちます。

東北各地に足を運びながら、つながりを広げ、取次会社との交渉も続ける。

この仕事は外商担当の人間だからこそやれることなので、根気強く続けていくことが自分に課せられた使命だとも思っています。

循環型プロジェクトも始まっている

できるだけ多くの人に本を届けていくため、本の循環システムのようなものを実現させたいとも思っており、実際にスタートを切れたプロジェクトもあります。

「象と花」がそうです。簡単に説明すれば、読み終えた本を回収に出してもらい、それを新しい一冊に替えて、病室で過ごす子どもたちに贈る、という取り組みです。

古本販売を行う「盛岡書房」が企画を立て、さわや書店がタッグを組ませていただきました。プロジェクト名は盛岡書房の高舘美保子《たかだてみほこ》社長が付けられました。群れの仲間同士で分け隔てなく助け合っている象と、やさしい贈りものの象徴といえる花とを組み合わせたものです。

このプロジェクトに賛同してくれた方に読み終えた本を盛岡書房にお持ちいただくか、プロジェクトをバックアップしている盛岡信用金庫などに設置された回収ボックスに入れてもらいます（出張回収もしています）。その査定額や象と花オンラインストアで古本を購入いただいた代金の一〇パーセントを新しい本の購入代金に充てる方式です。

第一回分としては、岩手医科大学附属病院の無菌病棟に入院する子どもたちに絵本や児童書五十三冊を寄贈しました。さわや書店は選書ならびに納品を担当しています。入院している子どもたちには、さわや書店が作成した専用のカタログのなかから読みたい本を選んでもらうようにしました。

助け合いの意味合いが強い企画ながらも、古本を新しい本に替える循環のかたちがここにあります。プロジェクトをスタートして以来、協賛いただく企業も増えています。

こうした試みをさらに広げていきたいと思っています。

書店員ひとりひとりにやれることはある

さわや書店の赤澤会長は、店の売上げがあがらないのは経営者の責任であり、スタッフの責任ではないという言い方をよくします。つまり、立地などの基本部分に問題があれば、店づくりなどの努力ではどうにもならないと言ってくれているわけです。

しかし実際は、スタッフの側でもできることはあるはずです。

正しく、当たり前のことをやっていても、本屋というビジネスそのものが行きづまってしまえばどうしようもありません。自分がいいと思った本を並べて、ＰＯＰを作り、お客さまを待つだけでは限界があります。さらにもっと何かをできないかと考え、個人個人がもがき続けることが大切なはずです。

たとえばの話、公共機関や大手企業の主催で作家が講演会に来るというのを知ったとき、そうなのか、と思うだけで終わってしまえば、先はありません。そうではなく、その作家の本を集めて店頭でミニフェアを行うことができます。それだけでもいいのですが、そこで終わってしまうのではもったいない。

講演会の開催を知ったときには、まず主催者側に電話をかけられるかが問われます。何の電話かといえば、そのイベントとつながることができないかを探るためのものです。イベントに協力できることがあれば、主催者とも講演に来る作家などともつながれます。そこで会場における本の販売を請け負うことができたなら大きな成果です。売上げを伸ばせるだけでなく、店を認知させる宣伝にもなっていきます。

こうしたやり方は私が実際にやっていることですが、まったく違った視点から考えていけば、新しくやれることは何かしら見つかっていくはずです。

私にしても、ほかにやれることはないかという手探りはまだまだ続けています。

ここまでに書いてこなかった部分でいえば、これからはもう少し行政に食い込んでいきたいとも思っています。

自費出版のお手伝いをした経験を生かして、書店主導で教科書の副読本のようなものをつくれないか、模索しています。

イメージしているのは小学校や中学校で使用する読書のための副読本です。

教科書のデジタル化も進み、幼少期から紙のページをめくる行為はどんどん減っていきます。ますます読書離れは進んでいくでしょう。だからこそ、読書普及の助けになればいいと考えています。

実際にプレゼンに近いこともやっていて、いますぐは無理でも実現は不可能ではない手応えも得ています。そのように書店員ひとりひとりにやれることはあるはずです。

大事なのは、人、そして地域とのつながり

リアル書店がネット書店に飲み込まれてしまわないためにはどうすればいいのか？

それを考えたときにも、お客さまから何かのたびに連絡をもらえるような関係性を構築していくほかはないと思っています。

ネット書店で購入できるような本をわざわざ注文してくれるお客さまの存在もありがたいものです。私に連絡をくれるお客さまのなかには、メールに「この本を注文していただけますか」とアマゾンのリンクを貼ってくる方もいます。

そこまで辿《たど》りついているなら、あとはカートに進んで注文すればいいだけです。それにもかかわらず、私に連絡をしてきてくれるのです。「急がないので、入ったら連絡くださ

い」と言って、店まで取りにきてくれます。

時間がかかり、手間もかかるのに、そうしてくれる。そんなお客さまが実際にいるのです。ありがたい話です。

そういう方が増えていけば、書店を支えてくれる大きな力になります。

本そのものではなくても、贈答品としての図書カードの定期注文などは、リアル書店ならではの大事な売上げです。

書店の特性としてもっている信用性を生かして地域経済の輪に入っていく意味も大きいはずです。それによって毎月十万円の売上げがコンスタントにあげられるようになるかもしれません。毎月一千万円の売上げを目指すことよりも、そういう努力が大切になっていく気がします。

書店員には生き方が問われる

人や地域とのつながりのほかにもうひとつ大切なのは〝書店で本を探す、本に出会う楽しさ〟をお客さまに感じてもらうことです。

以前によく「さわや書店では、探している本が見つからないこともあるけど、ついつい何冊か買ってしまう」という言い方をするお客さまがいました。田口さんがいた頃には、「さわや書店にとって、これは最高の褒め言葉だよね」と話していたものです。

この頃から私たちは、お客さまの心に響く売り場づくりを意識していました。

目的の本が決まっているかどうかを問わず、本屋に行けば、気になるコーナーを中心にひと回りする習慣をもつお客さまは少なくありません。駅で、電車待ちの時間ができれば、とりあえず本屋に入るという方はまだまだいます。

そんなお客さまに「おっ」、「へえ〜」と思わせられるかどうか。

好奇心にかられて、予定していなかった本を手に取ることは、リアル書店ならではの楽しみです。思わぬ出会いに対する期待感があるからこそ、欲しい本をネットで注文して済ませるのではなく、定期的に本屋に訪れるようにしてくれるのです。

在庫勝負はできなくても、お客さまの楽しみを増幅させる売り場づくりはできます。

私自身、その路線を追求していても大型書店には勝てないと思いかけたことはありました。しかし、あきらめてしまってはおしまいです。まちの本屋がネット書店や大型書店に対抗するには、そうした部分での工夫を怠らないようにするしかないのです。

ついつい買ってしまうというパターンをいかに増やすかは、書店員個人のスキルにかかってきます。私も二十年以上書店員をやってきてようやく、こうした部分においては自分の世界観を反映させてもいいのだということがわかってきました。

お客さまの側とすれば、自分の引き出しにはないものを見つけたときにこそ、おっという喜びを感じるものです。そういう驚きを与えられる本を選び、その本を見つけてもらう演出をうまくやっていく。そのためにも書店員は、自分の世界観を広げて、スキルを磨いていく必要があるはずです。

いろいろな本を読むだけではなく、いろいろな人に会い、いろいろなものを見て、いろいろなものを食べる……。

自分の経験を積み上げていくしかないともいえます。大げさな言い方をするなら、書店員ひとりひとりの生き方が問われているのではないでしょうか。

「本屋」が地域に必要とされるために

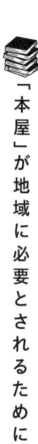

地域が再開発される際には大型ショッピングモールがつくられるケースが多いものです。これまではそのたび大型書店が入っていましたが、今後はわかりません。大型ショッピングモールができても書店が入っていないというケースは珍しくなくなるはずです。それくらい書店の重要性は薄れてきている……。少なくともビジネス的にはそう見られるようになっているということです。

東京でも書店が入っていない駅ビルが増えているといいます。最近は赤坂《あかさか》駅周辺に一般書店がなくなってしまうという衝撃的なニュースもありました。

こうした流れはもはや止めにくいものなのでしょう。今後、全国のまちの本屋が一斉に息を吹き返すような逆転満塁ホームランはまず期待できません。だとすれば、書店ごとに生き残っていく方法を考えていくしかないのです。お客さまに愛されるということも含めて、地域の中で必要とされる本屋になっていくことです。

「はじめに」では、将来的な話として盛岡市に書店は一店か二店しか残らないかもしれないと書きました。

今後、さわや書店が姿を消してしまうことがあったとしても、それは世の中から「本」が必要とされなくなったからではありません。「本屋」としてのさわや書店が地域に必要とされなくなったからであり、役目を終えたことを意味するのだと思います。

言い方だけの違いのようにも感じられるかもしれませんが、両者の違いはとても大きなものです。

どうにもならないことではなく、どうにかできます。

本が売れなくなってきているのは事実だとしても、それを言い訳にしていても何も始まりません。時代の流れには抗《あらが》えないなどと言ってしまわず、必要とされる存在になるにはどうすればいいかを考えていくしかないのです。

これまで私はずっとそうしてやってきました。今後もそれは変わりません。

書店員である限り、〝まちの本屋〟の理想を追い続け、まちの本屋であることを守っていきたいと思っているのです。

対談

田口幹人×栗澤順一

田口幹人（以下、田口）　原稿時点で読ませてもらいましたけれど、本書はネットで注文すれば翌日には届いてしまう時代のなかで、本屋を使う意味、地元の本屋を応援する意味がしっかり書かれているように思いました。ひとつだけいえば、僕たちがいた頃の話はもう少し減らしてもよかったんじゃないかな、という気はしましたけどね（笑）。せっかくなんだから栗澤さんがひとりで苦労してやってきたことをもっと詳しく書くべきだったんじゃないかなと。どうして栗澤さんはさわや書店に残ったのか。僕たちがいた頃の路線から脱却してどこに向かおうとしているのか。そういう部分についても、深掘りしてもよかったのではないかという印象をもちました。

栗澤順一（以下、栗澤）　田口さんの言いたいことはわかります。ただ、読者の皆さんはさわや書店がどんなことをやってきた本屋なのかを知りたいでしょうし、僕がやっていることはまだまだ未知数な部分が多いですから。

田口　懐かしくも感じられたんだけど、僕らは栗澤さんがどれだけ苦労しているかを見てきましたからね。僕は光が当たりやすい場所に立っていて、その代わり、栗澤さんにはいろんな部分での調整を任せすぎていたんです。何をやるかを自分たちで決めるだけ決めておき、「栗澤さん、あとはよろしく」って感じでしたから。栗澤さんがおもしろくないと思っていたとしても当然です。実際はどうでしたか？

栗澤 いや、田口さんたちと仕事していて、ふざけんなと思ったことはないですよ（笑）。

〝地域づくり〟を商売に結びつける

田口 今回、この本は全国の書店員に読まれることになるんでしょうけど、ここに書かれているのは本屋だけの話じゃないんです。〝地域づくり〟をしていくなかで栗澤さんが潤滑油のようになろうとしていたストーリーであり、そこで栗澤さんが扱っていたアイテムがたまたま本だったということです。だから、扱う対象を本に限定して考える必要はないんですよね。本屋とはあくまで小売業。小売業の人たちは何かしらの商品を売るのが仕事です。それを地域づくりに落とし込んでいくことによって先の展望が開かれていく面はあるはずです。栗澤さんみたいに色濃くやれる人は少ないにしても、「やってみよう」という後押しをしてくれる本になっていると思います。

栗澤 少しでもそういう役割を果たせたならいいんですけどね。私が外商部に移ったときには、まず自分の仕事をつくらなければならない事情がありました。その部分で試行錯誤した結果として地域づくりのようなことがついてきたんだと思っています。地域づくりという言葉はうわべだけのものに見られがちで、きれいごとのようにとられてしまうこともあります。でも、きちんと商売に結びつけて回していくことはできるし、それができれば、きれいごとではなくなります。実際の感触としても、いろんなところに商売につなげていくチャンスがあるのを感じています。

田口　書店の外商部は、図書館だとか学校だとか、お客さんがいて配達をする。お客さんが待ってるから持っていくという業務なんだけど、栗澤さんの考え方はそうじゃないんですよね。店舗販売にしても、基本的にはすべてが〝待ち〟になっているものなのに、待つということを捨てて、オモテに出ていった。そこで何をすべきかということを自分でイチから組み立てていったんです。最初は売上げにつなげにくかったはずです。それでも継続しているうちに売上げを出せるようになっていった。

栗澤さんだからこそできたんだと見られやすいにしても、栗澤さん個人の成功体験、失敗体験ということで終わらせてしまってはいけない。こういうやり方があるんだと示すことで〝自分たちにもやれる〟と、あとに続いていく形になってほしいですね。そこの部分の鍵《かぎ》を握るのは、どれだけの利益を出せるかということと、同じことをやっていく後継者をつくれるのかということなんだと思います。今後の栗澤さんの使命かもしれませんね。

さわや書店と北上書房

栗澤　何か新しいことを始めたからといって、最初から一千万円の売上げをつくれるわけじゃないですからね。赤澤会長は基本的に放任主義なんですが、ブックカバーに書かれている「わたしは、わたしの住むまちを愛したい　手あかにまみれた一冊の本のように。」という文言が、さわや書店の憲法のようなものになっています。そこから外れなければ何をやってもいいよというようなスタンスだったことには助けられました。でも、これからは、ハッキリとした数字を出していくことが求められるのは間違いありません。……後継者をつくるというのもなかなか難しい。田口さんの後継者というか、代わりになってくれる人も出てきていませんから。

田口　さわや書店は、どこかから誰かがやってきて、いろいろなことをやった果てにいなくなる、という繰り返しでしたからね。その意味では許容範囲の広い柔軟な書店なんだけど、次に誰かが現われないと、停滞が起きてしまう。いまもそうした部分があるのかもしれませんが、地域づくりに本をくっつけるというやり方を実現させた栗澤さんの功績は大きいと思っています。

栗澤　ありがとうございます。この本の中でも書いていますが、「本のまち」と言われる盛岡は、本だけではなく、演劇や映画も盛んで、それを支える喫茶店文化もあります。四つの要素が文化を形成してきたなかで、本と演劇、本と映画というようなかたちで結びついていくケースが増えてきました。そこでさわや書店は本屋の代表みたいなポジションにつけられている気はします。

田口　要するに「○○と本」なんですよね。地域づくりの文脈としても、商品だけがあるのではなく、どこかと接点をつくって、何かと組み合わせていくことが大切です。僕はさわや書店を辞めてから、北上《きたかみ》書房とＦｏｙｅｒ（ホワイエ・楽天ブックスネットワークによる少部数卸売サービス）をやっていますが、どちらにおいても考え方は同じですね。

栗澤さんはご存じですが、北上書房は一関市にある創業九十五年ぐらいの本屋です。いちどは閉店を決めるなど、経営的な紆余《うよ》曲折《きょくせつ》がありながらも、結果として楽天ブックスネットワークの子会社になったんです。僕自身、北上書房の役員にもなっています。どうしてそれだけ北上書房にこだわっているかといえば、伊藤清彦さん（さわや書店本店元店長、故人）の存在が関係しています。伊藤さんは高校時代、ここで本のことをいろいろと学んでいるんですよ。伊藤さんは北上書房で育った人間といえるし、北上書房はそれだけの役割を果たしてきた本屋なんです。岩手県内でもいちばん棚がおもしろくて、めちゃくちゃ濃い店。わざわざ来てくれるお客さんもいる店なので、どうしても残したかった。僕がさわや書店にいた頃、さわや書店で買い上げるという話もあったんだけど、成立はしませんでした。それでも守っていきたい地域の本屋なんです。

〝地域の窓〟になるということ

栗澤　土着性の強さみたいなものが田口さんとの共通項になっていた気がします。田口さんはもともと実家の本屋をやられていたし、私は人間関係が濃い田舎で育ちました。フェザン店にいた頃の田口さんは地元を大切にしながら、大量販売の手法を取っていくという立場にあったわけだけど、会社は少しずつ方向性を変えていきました。田口さんはさわや書店を辞められましたが、私はなお、その地元、地域性を前面に出していこうとしている。そこを目指している以上、それでやっていけると立証するモデルを打ち出さなければなら

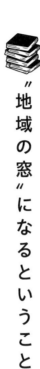

ないんですよね。時間的猶予はないというか、早く結果を出さなければいけないという危機感は常にあります。

田口　地域性は、僕が大切にしている部分のひとつですね。当時のさわや書店は〝地域の窓〟といえる存在にもなっていたんです。地域の人の拠《よ》りどころになっていただけではなく、東京から出張や転勤で来た人がフェザン店を覗《のぞ》けば、岩手ってこういう街なんだなとわかる。岩手に興味を持ってもらったうえで街に出ていってもらえていたんです。なんでもない本が郷土の本として置かれているのがフェザン店の肝だったんですよね。

組織の中で戦う書店員

栗澤　さわや書店として、どうしていくべきかを考えるようになったという意味では、ジュンク堂書店が盛岡に出店してきたことはやはり大きかったですよね。私なんかはそれまで、勤務シフトをきちんと守っていれば、定年なり、ある程度の年齢まではこのままいくんだろうと思っていたのに、そういうわけにはいかなくなった。

そういう状況下で田口さんは、「自分がいる組織内部でも戦う」というスタンスでいたのが新鮮でした。以前の私は、売上げはこんなものだろうと決めつけているようなところがあったけれど、田口さんは給料を上げたいなら売上げを伸ばさなくてはいけないという考えで、目標をこれくらいに設定しようというふうにやられていました。毎日変わらない環境でやっているようだったところにそういう考え方を持ち込んでくれたんです。

田口　僕は実家が書店業をやっていたので、売上げがもつ意味をよくわかっていましたから。書店員というのは、「どれだけ頑張っても自分たちには還元されない」という清貧の思想に近い部分でやっている面が強かった。そうじゃなく、「成果を重視しながらやっていくべきだ」という考えなんですよね。「ここまでできたなら、これだけ給料を上げてくれ」というようなことは会社にも言いました。逆にいえば、売上げが落ちれば給料は下がります。結果を出せなかったこちらの責任なんです。

でも、ジュンク堂があの規模で出店したということは岩手県の人たちにとってはいいことだったと思っていますよ。さわや書店がいくら頑張っても、売場面積としての限界がある。それに対して、ジュンク堂に行けば、およその本とはリアルで出会えます。それができるようになったのは大きいですよね。

伊藤清彦の生き方

栗澤　さきほど話題に上がりましたが、田口さんにとって伊藤さんはやはり特別な存在だったわけですよね。

田口　他の人たちとは全然違う感覚なんだろうけど、同僚であり上司であるだけでなく、人生の師匠ともいえるような存在でした。伊藤清彦さんの生き方が好きだったし、最後の最後まで自身の生き方を貫き通した人だと思っています。

さわや書店を辞めて、図書館に移ってからもそうでしたね。岩手県内では四番目か五番目くらいの規模だった一関図書館を県内の年間の貸し出し数で一位に押し上げたんですよね。市立の図書館なのに、県立の図書館を抜いたというのはすごいことです。そこで、伊藤さんは、「本を売るのも貸すのもいっしょだよ」という名言を残すんですね。一関図書館に行った際、ほとんど本がないような状態の棚もあったので、「この棚、どうしたんですか?」と聞いたら「借りられてるから本がないんだよ」と返されました。

その頃、伊藤さんは、子どもたちの集まりでも老人クラブでも、どこにでも足を運んで、本を読む楽しさを伝え続けていたんです。そんな伊藤さんに呼応するように、一関市は「ことばの時間」というものを学習の柱に据えました。学習の原点は本を読むことにある、という方針で多くの予算をかけるようになっていったんです。その礎をつくったのが伊藤さんなんですよ。

栗澤　私も当時、一関図書館の様子は何度か見に行っていました。さわや書店に在庫がなくて、県立図書館の蔵書にもないような本でも、一関図書館には必ず入っていたことに驚きました。とくに刊行からあまり時間がたっていない文芸書はそうでしたね。

何を読みたいのかがわからない人たちが来てくれる

田口　話を戻せば、伊藤さんをはじめ、僕や松本（大介）さんなんかがやっていたことは功罪の両面があったんだと思います。ジュンク堂書店のような大型書店が進出してきていて、そっちに行けば大抵の本が揃っているなかで、わざわざさわや書店に買いに行くという意味をつくらなければ勝てなかった。駅ビルに入るフェザン店も、電車を使っている人でなければ普段から利用するところではないですから。そこで売上げをつくっていくために、「盛岡市三十万人のうち二十五万人に嫌われてもいいから、どうしてもフェザン店で買いたい」と思ってもらえる手法を取ったわけです。
店頭POPにしても、嫌いな人は本当に嫌いなんですよ。「押しつけがましい」というようなことは何度となく言われていました。その一方で、わざわざ買いに来てくれる人もいました。僕たちが紹介した本をおもしろがってくれる人がいて、そういう人たちが集まる店だった。読みたい本が決まっているなら他の店に行けばいいけど、何を読みたいのかわからない人はこっちに来てくれる。そういう状況をつくりだそうとしていたわけですね。

栗澤　いまもそのカラーは残ってるんですけど、あのときほど徹底できてないように思います。

田口　ものすごく手間がかかることですからね。

栗澤　そうかもしれません。田口さんがさわや書店のフロントにいて、私が外商部に移った頃は、お互いにとにかく忙しくて、ちょっとした打ち合わせをするのも難しいくらいでしたからね。店に行けば少し話すくらいはいつでもできそうなものなのに、すれ違いになったり、手が空かなかったりするもんだから、「今週金曜日に三十分くらい時間を取れない？」なんて、アポをとるようになっていましたね。

田口　そこの部分も、なんというか、感覚の問題だと思うんです。店にいるにしても、いくら時間があっても足りないというほどのことをやっている人がどれくらいいるのか……。僕は「書店」と「本屋」を分けて考えているんですね。本を売るということでは同じでも、本屋はやっぱり「人」なんですよ。チェーン店であっても独立系に近いような部分まで書店員が作業をやっていくのが本屋です。さわや書店も一貫してそうだったんですよね。その時々の店長なり書店員なりのパーソナリティで売り場をつくっていたんです。

栗澤　そこまでの人はなかなかいないかもしれませんね。

田口　だからこそ外商部の栗澤さんが、まちの中の本屋としてどうあるべきかということを求め続けているわけで、その意味は大きいと思います。さわや書店のカラーは常に変化してきていたにもかかわらず、岩手の人たちのあいだではやっぱり「本屋といえばさわやだよね」というところに戻ってくる。そういう循環になっていると思いますよ。

いま、変わりつつあるさわや書店本店

田口　僕はいまでも時々、盛岡に来ていますけど、「さわや書店の本店の棚が良くなりま

したね」という声をよく耳にするようになっています。それはおそらく大池隆《おおいけたかし》（元・本店店長）さんのおかげなんですかね。大池さんはフェザン店の店長だったこともある人だけど、いちど定年退職されたんですよね。再雇用されて本店にいらっしゃるので、それなりに自由に棚を触っているんだと思います。

栗澤　大池さんには「大池マジック」がありますからね（笑）。

田口　職人ならではのやり方で、他の人にはどこに何があるかわからないような本の積み方をしているという（笑）。でも、自分なりの方向性をもった人が手を入れ始めれば、ちゃんと棚は良くなり、見る人が見れば、違いはすぐにわかります。そういう人の存在が店にはとても大事なんですよ。栗澤さんみたいな人が店にいるのではなくオモテに出て行く役割になっているのもおもしろいところですが、店のほうをやりたい気持ちもあるでしょ？

栗澤　フェザン店がなかなか落ち着かなかった頃、当時の社長（現・会長）と話していて、「フェザンに戻るか？」と言われたこともあったんですけど、「いま、戻れるわけがないじゃないですか」と答えました。店に戻って何ができるかがあやふやだったというのもあったけど、いまも外と店と両方見れたらいいのにと歯がゆいときはあります。棚がうまく使い切れていないときなんかはそうですね。フェアの入れ替えのときなんかに、棚が空いたままになっていることがあるんです。田口さんたちがいた頃には絶対なかったことだし、それこそ大池さんがいちばん嫌う部分です。大池さんがいるいまの本店では、そういうことはないはずなんですけど。

田口　そういう話を聞いてしまうと、僕としては「辞めちゃってごめんね」と謝るしかない（笑）。とはいえ、単に人を増やせばいいわけじゃなし、人を増やすにはお金もかかるので、経営側の判断になってくる部分です。以前には栗澤さんを北上書房に誘ったこともあったんですけど、自分のスキルをもって別の本屋に行くとか独立するとかいう考えはないんですか？

栗澤　田口さんのようにやりたいことがきちんと形にできていない面もありますし、自由に動くことが許されているいまの環境はやりやすいというのもありますからね。ただ、書店員という枠をもうちょっと大きくしていきたい気持ちはあります。サラリーマン的なところにおさまっているのではなく、半分、個人事業主みたいな感じになっていけないかなという気持ちも多少はあるんです。

地方の本屋がかかえる三重苦

田口　一日一店ペースで年間三百五十店の書店が閉店していく状況はもう十五年間、続いています。ここ一、二年は、都市部の大型店の閉店も目立っていますね。契約更新のタイミングの問題もあって、次には二〇二四年、二五年あたりに波が来ると言われています。都市部だけでなく、教科書販売で経営が維持できていた地方の本屋も危なくなってきています。オセロゲームのように一気にパタパタいってしまう可能性もすごくある。自分たちが生き残るということだけでなく、全体としての生き残り策を考えなければならなくなっているんです。

栗澤　実際のところ、地方の本屋の経営状況は厳しいです。外商もそうです。いま、教科書が電子書籍に変わっていこうとしているだけではなく、図書館も電子書籍化が進んでいます。二〇二四年からは一般図書予算もその方向で組まれるようになります。電子書籍の予算が増える分だけ紙の本が入れられなくなるんです。コロナ禍で配達先が減ったのも当然、厳しい一因です。美容院や病院で雑誌購入をやめてタブレットに変えるところも多く、そうしたお客さんが戻ることは期待しにくい。ガソリン高によって、配達にかかる経費もきつくなっている。こういうことはさわや書店に限った話ではありません。教科書は電子化しても、参考書やドリルとかは当面、紙のままなので、そういうところでとりあえずしのいでいくしかないのかな、というのが現実的な話です。

でも当然、それでなんとかなると思っているわけではなく、何かしらの活路を見出《みいだ》していかなければならないですから。これまでも私は、さまざまなかたちで本を届けていく役割を果たそうとしてきましたが、そういう部分でもまだまだ新しいことをやっていけるのではないかと思っています。

最近ではたとえば、地元の旅行会社と組んで、さわや書店を絡めたナイトツアーを始めたんですよ。コロナ禍で遠方へのパック旅行ができなくなっている個人のお客さまやカップルをターゲットにしたものです。盛岡市内のレストランでのディナーの後、夜景がきれいな岩山《いわやま》公園に行くんですけど、その途中でさわや書店に寄って本を一冊受け取っていただく。ツアーに参加している方が喜んでくれそうなものを十点くらいセレクトしておくんです。このツアーでも月に数万円くらいの売上げになりました。盛岡は修学旅行生をはじめ、観光客も多いので、観光との組み合わせでも、他にもいろいろと考えていける気がしています。

小さな本屋をいかに持続可能にしていくか

田口　僕がまださわや書店にいた頃、栗澤さんと「岩手県内から無書店地域をなくそう」という大きな目標を持っていました。こうした活動は、さわや書店そのものとはほとんど関係ない話ですけれど、いまも僕は、その延長といえることをやっているんです。

　自分が生まれた町、実家の本屋があった町にもう一度、本屋をつくるのがゴールになっているんですが、その本屋を僕自身がやろうとしているわけではないんです。「誰か」がやっていけるようにするための制度とインフラを用意することが大切なんだと考えています。小さな本屋でも持続可能なものとして、いかに回していくかということですね。

栗澤　町中に本に触れられる場所を増やすということは私も意識していることですが、ここにきて取次会社もそういうことを考え始めましたよね。お隣、宮城県の仙台市には「文《ぶん》喫《きっ》」の図書館版のような会員制図書施設「8BOOKs SENDAI」ができました。

田口　銀行の跡地に立ち上げた図書館ですね。あれをちゃんと運営していけるように制度設計するのが大切です。Ｆｏｙｅｒでもいま、月に十五店から二十店ほど本を卸せる先が増えています。規模は小さくても、十坪の店（本を置いてある場所）が百か所できる、あるいは五坪の店が二百か所増えたらどうか……。それによって千坪分の本が地域に散らばっていくことになります。専門的な本と出合えるようにもしていけます。そうすれば、コミュニティにはちゃんと本が届くようになるんです。

僕の願いとしては、卸している先には今後もずっと本を置いておくことを続けてほしいということですね。「本屋」としてやっていってほしいとは言いません。本がある環境を残してほしいということ。実際、Ｆｏｙｅｒを利用してくれるようになった方たちも、ご自身がやっている店舗に本を売るスペースをつくっているだけで、本を売る利益だけでやっていけるとは思っていないんですよ。本が置かれていることが集客アイテムのひとつになればいいといった認識で、収支がトントンであるならいいという感覚なんです。それで十分なんです。いま、いろんなところでＦｏｙｅｒを利用してくれるようになっていますが、おもしろいところが多いですよ。カフェとかアパレルショップとか花屋さんとか。

未来のためのインフラづくり

栗澤　これまでいろんな試みを続けてきましたが、改めてひとつひとつ見直しながら仕組み化できるものは仕組み化して、自分じゃなくてもできていくようにすること、持続可能なものにしていくのが大事なんだと思います。この本のなかでも紹介した「文学の国いわて」というプロジェクトも、主幹は地元のテレビ局なんだけど、本が絡んでくるということでさわや書店もスタッフとしてかかわっています。そういう参加の仕方は他の事業においてもできるはずなので、何かの事業を始めようという人が、そこに本を絡めることを少しでも考えたときにはすぐに声をかけてもらえるようにしていく。地域のプロジェクトには必ず参加できるようにするなど、本屋として収益源を多角化していくことが大切なんだと思っています。

それとともに、やはり本がある場所を増やしていくことに重点を置いていく。これまでの経験でいただいたご縁を大事にしながら、違う場所にいる方々や組織をつないでいくことが大切なんだと感じています。私だけではやれないことも増えてくるはずなので、インフラの整備というような部分では田口さんにも手を貸してほしい。連携できることが増えていくはずというか、協力してほしい部分です。

田口　何かをやるには仕組みづくりが必要ですからね。これまで多かった自治体だけでなく、民間企業と一緒に何かをやっていくのも重要なことです。古書なども含めて、いろいろなかたちで本が置かれている場所をつくっていくことはできるはずだし、僕もいろいろとお手伝いはできると思います。一冊の本を必要とする人に届けることはとても大切なんだけれど、栗澤さんにはそこだけではなく、本を通じて何かをつなぐ、場所をつくるということにも力を注いでもらいたいと思っています。

栗澤　これまで僕が街の中を駆け回ってやってきたことをそういう連携の中で持続可能なものにしていけたらいいですよね。今日は貴重なご意見をありがとうございました。

栗澤順一（くりさわ　じゅんいち）
1972年、岩手県釜石市生まれ。岩手大学を卒業後、盛岡市内の広告代理店に入社。その後、「東北にさわや書店あり」と全国の読書マニア、出版業界人、書店業界人にその名を知られる岩手県の老舗書店チェーンさわや書店に転職。本店専門書フロア、フェザン店次長、仙北店店長などを経て、外商部兼商品管理部部長。教科書販売から各種イベントの企画、出張販売や各店巡回など、忙しく駆け回る日々を送る。

編集協力　内池久貴

本屋《ほんや》、地元《じもと》に生《い》きる

2023年２月22日　初版発行

著者／栗澤 順 一《くりさわじゅんいち》

発行者／山下直久

発行／株式会社KADOKAWA
〒102-8177　東京都千代田区富士見2-13-3
電話　0570-002-301(ナビダイヤル)

印刷・製本／大日本印刷株式会社

ISBN 978-4-04-108502-8　C0095